Liane Rauch / Christina Landmann

HUNDEPROBLEME LÖSEN MIT TRAINING UND HOMÖOPATHIE

D1730061

Liane Rauch | Christina Landmann

HUNDEPROBLEME LÖSEN
MIT **TRAINING** UND
HOMÖOPATHIE

Inhalt

Das erwartet Sie

Mit den hier beschriebenen **Lösungs-ansätzen** geben wir Ihnen Vorschläge an die Hand, die ein weiteres Training eventuell unnötig machen. Außerdem bilden sie die Basis, um erfolgreich in ein intensiveres Training einzusteigen, wenn dies notwendig sein sollte.

Allerdings ist ein noch detaillierteres Training oft überflüssig, wenn zu den Lösungsansätzen die richtigen Globuli gefunden und die Lösungsansätze beachtet wurden.

Dieses Buch kann bestens mit den Büchern „Hundetraining ohne Worte" und „Mein Einstein auf vier Pfoten", beide von Liane Rauch (siehe S. 142), kombiniert werden. So bieten die Lösungen und Trainingsschritte eine optimale Abwechslung.

Mit den **Trainingsschritten** gehen Sie in die Aktivphase des Trainings über. Hatten die vorangegangenen Lösungsansätze wenig bis keinen Erfolg, erfordert dies ein weitergehendes Training.

Bauen Sie die Trainingsschritte in Wocheneinheiten auf. Lassen Sie sich und Ihrem Hund genug Zeit. Braucht Ihr Hund länger, geben Sie ihm auch mehr Zeit. Passen Sie die Trainingszeit individuell an Ihren Hund an. Auch wenn das Erlernte vielleicht schon gut funktio-

niert, sichern Sie den Lernerfolg lieber noch über ein paar Tage ab. Eine gute Basis erspart Ihnen viel Korrekturarbeit.

Alle in diesem Buch gemachten **Zeitangaben** sind als Anhaltspunkt zu verstehen. Sie basieren auf Erfahrungen mit Kunden- und eigenen Hunden und sind **nicht** auf alle Hunde eins zu eins übertragbar.

Passen Sie alle angegebenen Zeiten an Ihre individuelle Situation und Ihren Hund an. Die Zeiten können sich je nach charakterlicher Grundeinstellung des Hundes erhöhen oder verringern. Arbeiten Sie die Lösungsansätze und Trainingsschritte nie zu schnell durch. Lassen Sie Ihrem Hund genügend Zeit und nehmen auch Sie sich genügend Zeit.

Alle in diesem Buch angebotenen **Checklisten** (siehe Kapitel „Service") sind Vorschläge. Sie basieren auf Erfahrungen mit Kunden- und eigenen Hunden und sind **nicht** auf alle Hunde eins zu eins übertragbar. Passen Sie alle Checklisten an Ihren individuellen Tagesablauf und Ihren Hund an.

Bei den **homöopathischen Lösungsvorschlägen** „doktern" Sie bitte nicht zu lange selbst herum. Ziehen Sie rechtzeitig einen Fachmann zurate und klären Sie eventuelle medizinische Probleme mit ihm ab. Geben Sie Globuli bitte nicht wie Hustenbonbons. Auch Globuli sind Medikamente, mit denen man verantwortungsvoll umgehen muss.

Ein harmonisches Miteinander ist die beste Basis für einen entspannten Alltag.

Am Ende jedes Kapitels werden die möglichen homöopathischen Arzneimittel und Alternativen dazu genannt und es wird beschrieben, für welche Hunde sie in Frage kommen (Konstitutionsmittel). Bitte sorgfältig auswählen!

Hunde wieder denken lassen

Dieses Buch soll Ihnen Lösungsansätze ohne großen Aufwand bieten. Ich bin ein großer Anhänger der einfachen und logischen Lösungen, die der Hund auch versteht.

Die klassische Hundeerziehung basiert darauf, dass der Hund ein gegebenes Kommando ausführt. Der Hund wird zum „Befehlsempfänger" degradiert. Leider wird noch immer zu wenig Augenmerk auf den Beziehungsaufbau und das Verfestigen der Bindung des Hundes zum Halter gelegt. In der Regel lernen Hunde in der konventionellen Hundeausbildung nur die Grundkommandos, die sicherlich wichtig sind, aber nicht die höchste und einzige Priorität bei der Erziehungsarbeit haben sollten.

Wenn man sich einmal bewusst macht, zu welchen Leistungen Hunde fähig sind – und zwar alle Hunde –, fordert und fördert die althergebrachte Hundeausbildung diese hochintelligenten Tiere nicht wirklich.

Blindenführhunde leihen ihrem Halter ihre Augen. Sie können Entfernungen und Höhe abschätzen, Farben und Formen unterscheiden und abwägen, ob ein Weg sicher oder gefährlich ist.

Servicehunde helfen ihrem Halter im Alltag in vielen Situationen. Sie heben heruntergefallene Dinge auf, öffnen und schließen Türen und Schränke, machen Licht an und aus und helfen ihrem Halter beim An- und Ausziehen.

Warnhunde von z. B. an Epilepsie erkrankten Menschen spüren einen Anfall, lange bevor er eintritt, und können somit das Leben ihres Halters retten.

Geben auch Sie Ihrem Hund die Möglichkeit, wieder selbst denken zu dürfen. Die gängigen Grundkommandos wie „Sitz", „Platz", „Bleib", „Fuß" und „Hier" lernt der Hund dann wie von alleine nebenbei. Die Kommandos werden schneller und freudiger ausgeführt, wenn der Hund sich diese selbst erarbeiten darf.

Wenn Sie Ihrem Kind bei den Mathematikhausaufgaben alles vorrechnen, wird es selbst nie rechnen lernen und auch keine Freude daran entwickeln.

KURZ GEFASST

· ·

- Einfache, logische Lösungsansätze
- Trainingsschritte für den Hund verständlich gestalten
- Individuelle Persönlichkeit Ihres Hundes beachten
- Hunde wieder selbstständig denken lassen

· ·

Die gängigsten Erziehungskonzepte

Das **Rudelführerkonzept** wird mit der Dominanztheorie begründet. Dieses Erziehungskonzept ist jedoch abzulehnen, da es völlig am natürlichen Verhalten des Hundes vorbei erzieht.
Ein paar Beispiele dazu:

> Der Rudelführer geht immer vorne. – Nein, das ist ein Irrtum. Ein schlauer Rudelführer wird sich immer entweder innerhalb der Gruppe oder an deren Ende aufhalten. Dies ist die sicherste Position, da eventuelle Gefahren oder Angriffe von der Gruppe erkannt und geblockt werden. Ein schlauer Rudelführer wird sich niemals in Gefahr begeben.

> Der Rudelführer hat immer recht. – Bedingt stimmt dies, hat aber nichts mit dem „Rudelführer" aus menschlicher Sicht zu tun. Rudelführer in einer Hundegruppe ist der cleverste und raffinierteste Hund. Es muss nicht zwingend immer der älteste Hund sein. Und natürlich hat der Intelligenteste in der Regel recht.

> Der Rudelführer setzt mit Gewalt seinen Willen durch. – Niemals, ein souveräner, selbstsicherer Rudelführer hat Gewalt nicht nötig. Er leitet und lenkt seine Gruppe mit Intelligenz, Klugheit und Vernunft. Ein selbstsicherer Rudelführer hat es nicht nötig, laut oder gewalttätig zu werden.

Der sogenannte **Mittelweg** ist eine Kombination aus aversiven (Widerwillen hervorrufenden) und positiven Erziehungskonzepten.

Es kommen aversive Hilfsmittel wie Rappeldosen, Wassersprayer und Sprayhalsbänder oder positive Verstärker wie Stimme, Clicker und Belohnungen zum Einsatz.

Für den Hund ist der Mittelweg manchmal etwas unverständlich, da ständig von negativ zu positiv und umgekehrt gewechselt wird. Es werden also keine klaren Aussagen vom Halter gemacht. Der Hund zeigt eine unerwünschte Handlung, wird dafür bestraft und dann meist sofort gelobt. Die Handlung, die der Hund gezeigt hat, versteht dieser jedoch für sich selbst nicht als „falsch".

Hunde untereinander agieren ohne Hilfsmittel. Sie verwenden weder Rappeldosen noch Clicker. Hunde sind untereinander eindeutig.

Bei den so genannten **„Wattebauschwerfern"** wird in der Regel komplett auf aversive Hilfsmittel und Erziehungsmethoden verzichtet. Handlungsverstärker sind immer positiv, Strafe wird abgelehnt.

Kritisch wird es jedoch, wenn dem Hund absolut keine Grenzen gesetzt werden. Es sollte bei dieser Methode dringend darauf geachtet werden, dass sich der Hund nicht zu sehr verselbstständigt. Es gibt einfach Hunde, die auch mal eine klarere Ansage benötigen als andere.

Wie würden Hunde erziehen?

Hundehalter, die eine harmonische Hundegruppe ihr Eigen nennen, sollten sich die Zeit nehmen und ihre Gruppe genau beobachten. Einzelhundehalter können bei gemeinsamen Spaziergängen die Interaktionen unter den Hunden beobachten. Hunde agieren in

Erziehungs- und Korrekturmaßnahmen immer eindeutig und klar. Es gibt kein „Jein", „vielleicht" oder „... könntest du bitte mal ...".

Hunde verwenden keine Hilfsmittel. Ich habe noch nie gesehen, dass eine Hundemutter ihre Welpen „anclickert", wenn diese etwas richtig machen. Sie belohnt richtiges Verhalten mit Sozialkontakt und/oder Fütterung der Welpen. Ich habe noch nie gesehen, dass Hunde mit Rappeldosen werfen, wenn sie einen anderen Hund korrigieren möchten. Korrekturen finden durch körperliche Einwirkung und/oder Blickkontakte statt.

Die Mitglieder einer harmonisch sozialisierten Hundegruppe werden niemals gewalttätig. In der Regel reichen kurze Blicke, eindeutige Körpersprache und kurze, knappe Aktionen, um einen frechen Schnösel in seine Schranken zu weisen.

Hunde untereinander sind nicht unfair und messen nicht mit zweierlei Maß. Sie sind miteinander erstaunlich geduldig. Es ist wirklich bemerkenswert, was sich z. B. Welpen erlauben dürfen, bevor die Hundemama zu Korrekturmaßnahmen greift.

Wir vertrauen uns gegenseitig, weil wir uns verstehen. Ist man Hunden gegenüber klar in seinen Aussagen, treten viele Probleme gar nicht erst auf.

Mensch – Hund – Verstand

Ich versuche mich in meiner Hundegruppe so verständlich zu machen, wie es ein Hund tun würde. Ich bin eindeutig, ich bin leise und souverän, ich bin fair und vor allem setze ich zuallererst meinen Verstand ein. Wie ein guter Rudelführer eben.

Meine Hunde dürfen mich überschwänglich begrüßen, wenn ich nach Hause komme. Das tun Hunde einer harmonischen Gruppe untereinander auch. Wenn es mir zu viel wird, gehe ich einfach weg. Das hat bisher noch jeder meiner Hunde sofort verstanden.

Meine Hunde dürfen draußen frei laufen, ohne dass ich ständig korrigierend eingreife. Sie haben gelernt: Die da hinten ist die Schlaueste in der Gruppe, mit ihr bleiben wir doch gerne von alleine in Kontakt.

Auch wenn ich eher zur „Wattebauschfraktion" gehöre, setze ich meinen Hunden sehr wohl Grenzen. Es gibt Taburäume im Haus und auch beim Spaziergang müssen alle in gewissen Situationen einfach funktionieren. Ich bin ein Gegner der Laisser-faire-Erziehung.

KURZ GEFASST
. . . .
- Hunde erziehen ohne Hilfsmittel
- Hunde erziehen ohne Gewalt
- Hunde müssen verstehen, um was es geht
- Hunde sind fair und immer eindeutig
. . . .

Homöopathie

Prinzip der Behandlung

Dr. Samuel Hahnemann (1755–1843) war der Begründer der Homöopathie. Unzufrieden mit den Behandlungen seiner Zeit, entwickelte er eine Methode, die Arzneimittel gezielt und individuell zu verwenden. Er entdeckte durch viele Versuche, dass Arzneien gezielter und sanfter wirken, wenn sie nach dem Ähnlichkeitsprinzip eingesetzt werden.

Dieses Prinzip formulierte er so: „Similia similibus curentur", das heißt sinngemäß „Ähnliches möge durch Ähnliches geheilt werden". Er verabreichte gesunden Menschen Arzneisubstanzen und notierte, welche Symptome sie auf diese Mittelgabe bekamen. Diese Mittel setzte er dann bei den Patienten ein, die diese Symptome als Krankheit hatten, und konnte sie dadurch sanft heilen.

Der Patient bekommt Mittel, die seine Selbstheilungskräfte anregen und dem Körper helfen, diese zur Heilung einzusetzen. Darum muss man mit dem Patienten ein sehr genaues Erstgespräch, eine sogenannten Anamnese, durchführen. Hierbei werden alle bisherigen Erkrankungen und Symptome festgehalten. Die körperliche, emotionale und geistige Ebene spielen eine sehr wichtige Rolle.

Finden des Konstitutionsmittels

In der Homöopathie spielen nicht nur die klinischen Diagnosen wie z. B. Durchfall, Erbrechen, Hauterkrankungen usw. eine vorrangige Rolle, sondern vor allem die Gesamtheit aller Symptome. Die Vorlieben und Eigenheiten des Patienten sind ebenfalls wichtig für die Findung des richtigen Mittels.

Die Homöopathie eignet sich nicht nur für die Behandlung von akuten und chronischen Erkrankungen, sondern auch bei vielen Gemüts- und Geistessymptomen. Damit man das passende Mittel findet, werden die auffallenden körperlichen und Gemütssymptome einbezogen. Werden alle Faktoren berück-

Trägerstoff der Globuli sind Rohrzuckerkügelchen. So können auch Hunde mit Intoleranzen und Allergien gut damit behandelt werden.

sichtigt, bekommt man das individuell passende „Heilmittel" oder auch „Konstitutionsmittel" für den Patienten.

Homöopathie im Verhaltensbereich

Die Fälle von verhaltensauffälligen Hunden haben in meiner Praxis in den letzten Jahren immer mehr zugenommen. Das ist auch nicht verwunderlich: Es kommen viele Hunde aus dem Ausland zu uns, oft haben sie lange Transporte mit dem Flugzeug oder Auto hinter sich. Manche sitzen in Tierheimen, sind gequält und/oder schlecht gehalten worden. Einige haben mehrere Besitzerwechsel erlebt. Sie alle werden bei mir mit homöopathischen Mitteln behandelt.

Aber die Ursachen von Verhaltensauffälligkeiten sind nicht immer auf äußere Umstände oder seelische Traumata zurückzuführen. Es ist auch der jeweilige Charakter. Die homöopathische Behandlung kann einen Charakter nicht ändern, aber man kann den Hund wieder auf ein normales Verhalten zurückführen.

Homöopathische Arzneimittel

Homöopathische Arzneimittel erhält man in der Apotheke. Es gibt sie in Form von Salben, Tabletten, Tropfen und als Streukügelchen, den Globuli. Weil man Letztere dem Hund am einfachsten verabreichen kann, beschränken wir uns in diesem Buch auf Globuli. Aber Vorsicht: Globuli sind keine harmlosen Zuckerkügelchen.

Nur die richtige Handhabung von homöopathischen Mitteln führt zum Erfolg. Neben der Wahl des passenden Mittels ist auch seine Potenzierung wichtig. Die Potenzierung der Arzneimittel, das heißt Verdünnung, ist ein grundlegender Faktor der Homöopathie. Sie wird im nächsten Abschnitt erläutert.

Potenzen

Jedes Mittel wird in verschiedenen Potenzen angeboten. Es gibt die D-, C- oder LM-Potenzen. Hahnemann hat hauptsächlich mit C-Potenzen gearbeitet. Diese verwende ich schon seit Beginn meiner Praxis und es sind auch die geläufigsten.

Was heißt eigentlich D-, C- oder LM-Potenz? Sie gibt das Verdünnungverhältnis der Arzneisubstanz (Urtinktur) mit einem Lösungsmittel (Wasser-Alkohol-Gemisch) an. Bei der Herstellung des Arzneimittels wird die Urtinktur mit dem Lösungsmittel verdünnt und in vorgeschriebener Weise verschüttelt. Durch diesen Vorgang wird die Konzentration der Urtinktur verringert, aber nach homöopathischer Lehre die Wirksamkeit verstärkt. Das bedeutet Potenzierung vom lateinischen potentia = Kraft.
D-Potenzen: Verdünnungsverhältnis 1:10 (1 Tropfen Urtinktur mit 10 Tropfen Wasser-Alkohol-Gemisch)
C-Potenzen: Verdünnungsverhältnis 1:100 (1 Tropfen der Urtinktur mit 100 Tropfen Wasser-Alkohol-Gemisch)
LM-Potenzen: Verdünnungsverhältnis 1:50.000 (1 Tropfen Urtinktur mit 50.000 Tropfen Wasser-Alkohol-Gemisch). Es ist ein sehr sanftes Mittel und kann für chronische Erkrankungen verwendet werden. Die Wirkungsdauer ist begrenzt. Für den „Anfänger" wäre es eine Alternative.

Welche Potenz, wie viel und wie oft?

Es spielt eine Rolle, wie lange die Erkrankung schon andauert, wie schwer sie ist sowie das Alter des Hundes. Das ist wichtig, da die Wirkung der Globuli dadurch eingeschränkt sein kann.

Zu den Grundregeln bei den homöopathischen Mitteln gehört: Bei akuten Erkrankungen werden die niedrigen Potenzen (C6 bis C12) eingesetzt. Bei chronischen Erkrankungen arbeiten wir mit höheren Potenzen (bis C30). Eine sogenannte Gabe, das heißt die Menge des Medikaments je Verabreichung, besteht aus 5 Globuli.

Für Ihren Hund heißt das:
> niedrige Potenzen C6 bis C12:
  3-mal täglich 5 Globuli
> höhere Potenzen ab C30:
  NUR 1-mal 5 Globuli in der Woche
> LM-Potenzen, z. B. LM18:
  1-mal 5 Globuli alle 2–3 Tage
  Verhaltensprobleme werden bei mir mit der Potenz ab C30 behandelt.

Höhere Potenzen bitte nur in Zusammenarbeit mit einem Fachmann verwenden.

Wirkungsdauer

Die Wirkungsdauer der Gabe ist wiederum abhängig von dem Schweregrad der Erkrankung und der Reaktion des Hundes (jeder Hund reagiert anders!). Grundsätzlich gilt: Je höher die Potenz, desto länger ist die Wirkungsdauer. Hier zeigt sich die Kunst des Therapeuten oder des Selbstbehandlers, denn der richtige Zeitpunkt für die Mittelwiederholung ist von großer Bedeutung und verlangt viel Feingefühl. Für Sie heißt

das: Erst wenn sich die zuvor gebesserte Situation wieder verschlechtert, dann erst und nur dann wird die Gabe der Globuli wiederholt. Wenn es zu früh wiederholt wird, wird der Heilungsprozess ausgebremst. Wird es zu oft wiederholt und überdosiert, können sich die ursprünglichen Symptome verschlimmern oder es kommen neue Symptome dazu, die zum Behandlungsspektrum der Arznei gehören. In diesem Fall muss die Gabe der Globuli sofort beendet werden, und in der Regel verschwinden dann die neu aufgetretenen Symptome.

....

• Bitte Globuli wie beschrieben verwenden
• Die Globuli sollten über die Schleimhäute aufgenommen werden, d. h. direkt ins Maul geben
• Auf Menge und Potenzen achten
• Vorsicht: Globuli sind keine harmlosen Zuckerkügelchen

....

Hinweise zur Selbstbehandlung

Die homöopathische Behandlung von Hunden ist sehr zu begrüßen. In den letzten Jahren hat sich das Verständnis der Hundehalter sehr verändert. Oft will man bei Krankheiten nicht immer gleich die starken Mittel der Schulmedizin einsetzen. Im Akutfall und bei kleineren Unpässlichkeiten ist es auch richtig, selbst zu therapieren. Im chronischen Fall kann man es versuchen, aber wenn keine Besserung eintritt, muss man den Fachmann aufsuchen und sich einen kompetenten Rat holen.

Grundvoraussetzung ist, dass sich der Selbstbehandler mit der Anwendung von Globuli auskennt und man ein Gefühl für die Wirkungsweise der Homöopathie bekommt. Besonders auch deshalb, um zu wissen, was man sich selbst zutraut oder wo man einen guten Therapeuten fragen sollte.

Für falsche Handhabung übernehme ich keine Haftung.

Verhaltensprobleme werden individuell behandelt. Hier verordne ich ausnahmsweise eine Woche lang 1-mal täglich 5 Globuli in C30. In der zweiten Woche reduziere ich die Gabe auf 5 Stück alle 2 Tage. In der dritten Woche wird die Gabe nur noch alle 3 Tage gegeben. Danach nur noch 1-mal in der Woche 5 Globuli. In dieser Zeit habe ich immer Kontakt mit den Besitzern, damit man sofort einschreiten kann, wenn Unstimmigkeiten auftreten.

Nach Ablauf der oben genannten Zeiten entscheidet man je nach Veränderung des Zustandes des Hundes über die weitere Behandlung.

Die Homöopathie hilft bei der Behandlung von Problemverhalten.

ANGST

Was ist Angst?

Allen voran zeigen Hütehundrassen und Herdenschutzhunde Verhaltensweisen, die mit Angst verwechselt werden können. Sie weichen aus, beobachten aus der Entfernung das Geschehen um sich herum, bellen und halten eine gewisse Distanz ein. Es handelt sich dabei aber meist um gezielt angezüchtetes Misstrauen, Zurückhaltung und Abwägen der Situation.

Auch die Körperhaltung lässt fälschlich vermuten, dass diese Hunde Angst haben. Schaut man sich den Hund aber im Ganzen an, entdeckt man sehr schnell die Widersprüche:

Die Rute hängt nach unten, wird aber ruhig gehalten. Bei einem ängstlichen Hund ist die Rute entweder zwischen die Hinterbeine eingezogen, oder er zeigt ein sogenanntes Beschwichtigungswedeln knapp über den Fersen.

Bei einem misstrauischen Hund liegt das Körpergewicht auf den Hinterbeinen, die Haare über den Schulterblättern sind gesträubt. Bei einem ängstlichen Hund liegt das Körpergewicht zwar ebenfalls auf den Hinterbeinen, es sind jedoch die Haare über dem Becken gesträubt.

Beim ängstlichen Hund sind die Ohren ganz flach angelegt, die Augen zusammengekniffen (Schlitze). Misstrauische Hunde legen die Ohren zwar auch an, jedoch nicht so extrem, vor allem sind aber die Augen offen und sehr wach.

Ein Hund, der Angst hat, ist sehr still. Er will ja nicht noch mehr auf sich aufmerksam machen. Misstrauische Hunde sind oft sehr laut und vehement in ihrem Körpereinsatz.

Psychologische Ursachen für Angst

Stress – der Hund steht unter „Dauerstrom" durch zu hohe Anforderungen des Halters, z. B. im Bereich des Hundesports. Auch ehemalige Straßenhunde können unter Dauerstress leiden, da sie ständig ihre Umgebung beobachten müssen.

Phobien – Auslöser für eine Phobie können Menschen, Geräusche, Gegenstände oder eine bestimmte Umgebung sein. Phobien basieren oft auf Erlebnissen, können aber auch angeboren oder anerzogen sein. Das ist wie die Angst mancher Menschen vor Spinnen. Kleinkinder zeigen keine Angst vor Spinnen, sie erlernen dies meist von den Eltern.

Posttraumatische Störungen – kommen von Erlebnissen im Welpenalter, z. B. wegen isolierter oder zu reizüberfluteter Haltung, von Misshandlungen, Verstümmelung, Nahrungsmangel. Ehemalige Straßenhunde sind oft betroffen.

Zwangsstörungen – können bei Hunden auftreten, die z. B. jahrelang im Zwinger gehalten wurden und den Zwang entwickeln, jede offene Tür unbedingt durchschreiten zu müssen. Putz-, Schutz- oder Hütezwang kann bei manchen Rassen ebenfalls Angststörungen auslösen.

Training mit dem ängstlichen Hund

„Da muss der durch" ist einer der häufigsten „Ratschläge", die ich in Bezug auf sogenannte Angsthunde höre. Auf Platz zwei der Vorschlagsliste rangiert:„Nicht trösten, da verstärkt man nur die Angst." Platz drei belegt: „Das muss man ignorieren."

Nein, da muss der eben **nicht** durch. Ein Psychologe, der mit einem Patienten an dessen Spinnenphobie arbeitet, wird diesem niemals schon beim ersten Termin eine Vogelspinne präsentieren. An Angstauslöser muss der Hund langsam herangeführt werden.

Ein ängstlicher Hund darf und muss beschützt und getröstet werden. Lassen Sie Ihr Kind alleine, wenn es sich im Sommer vor einem lauten Donner fürchtet? Verweigern Sie Ihrem Hund bei Angst den Schutz, verstärken Sie lediglich sein Misstrauen gegen Sie.

Ignoranz setzen Hunde untereinander als Strafe ein. Die Hundemutter geht weg und ignoriert ihre frechen Kinder. Der souveräne Althund dreht dem überdrehten Jungspund den Rücken zu. Es wäre fatal, wenn Sie Ihren ängstlichen Hund bei Angst mit Ignoranz bestrafen. Angst darf nie bestraft werden, dies ist ein schlimmer Vertrauensbruch.

Eventuell hat Smilla mit Radfahrern schlechte Erfahrungen gemacht, sie weicht ängstlich aus.

BEISPIEL AUS DER PRAXIS:
SMILLA, CHINESE CRESTED POWDER-PUFF, 2 JAHRE, ABGABEHUND VON PRIVAT

Obwohl Smilla bereits als Welpe vermittelt wurde, zeigte sie viele unterschiedliche Ängste: Angst vor Markisen und Sonnenschirmen, Angst vor Menschen, Angst vor Flugzeugen und wackelnden Ästen über dem Kopf.

Smillas Training bestand aus langsamem Heranführen an die Angstauslöser, stufenweisem Steigern der Reize in Angstsituationen und vor allem viel Trösten, Schutz geben und Belohnungen, wenn sie „tapfer" war.

KURZ GEFASST

· ·

- Angst richtig definieren
- Angst nicht mit Misstrauen verwechseln
- Angsthunde langsam an die Auslöser heranführen – da muss der **nicht** durch
- Trösten und Beschützen absolut erlaubt und erwünscht

· ·

Eine Blutabnahme und -analyse ist erforderlich, um eine Erkrankung auszuschließen.

Angst aus der Sicht des Tierheilpraktikers

Folgende Symptome lassen auf Angst schließen:

> Pupillen sind erweitert
> versteckt sich oder zieht sich zurück
> zieht die Rute ein und die Gliedmaßen sind angewinkelt
> Vermeidung von Augenkontakt
> Ohren flach nach hinten gelegt
> will nicht gesehen werden und macht sich klein
> hecheln oder speicheln
> Pfoten schwitzen
> unkontrollierter Kot- und Urinabsatz
> erhöhte Herzfrequenz

Bei Angst hat man als Erstes die psychische Problematik vor Augen. Man darf aber auf keinen Fall die medizinischen Ursachen vergessen.

MEDIZINISCHE URSACHEN

Man sollte an die Schilddrüse denken. So klein dieses Organ auch ist, es hat eine große Wirkung auf den Körper. Ihre Hormone beeinflussen nicht nur Haut, Haare, Verdauung usw., sondern auch die Psyche.

Auch Schmerzen, egal welches Körperteil es betrifft, können Angst auslösen.

Erkrankungen können Unwohlsein bescheren, gerade auch bei älteren Hunden, die zuvor keine Angst hatten.

Ferner kommen Gendefekte infrage, die sich bei Rassehunden häufen; außerdem Tumore, die bei älteren Tieren vermehrt auftreten.

Die medizinischen Ursachen gehören von einem Fachmann unbedingt abgeklärt!

Angst vor Geräuschen und Situationen

Vorausgeschickt sei, dass Geräusche-CDs zur Angstbewältigung nichts nutzen, da der Hund sehr wohl erkennt, dass es sich hierbei um ein künstliches Geräusch handelt.

Es gibt Hunde, die haben im Freien keine Angst vor Geräuschen wie Donner, Böller oder Schüssen, doch in Räumen hyperventilieren und zittern diese Hunde dann extrem. Umgekehrt gibt es dieses Phänomen ebenfalls: Im Haus oder der Wohnung ist alles in Ordnung, draußen gerät der Hund in Panik. Mein Collie-Rüde ist bei Gewitter draußen völlig entspannt, im Haus oder in geschlossenen Räumen wird er sehr nervös und gestresst.

Training gegen Geräuschangst gestaltet sich meist sehr schwierig. Man kann z. B. Donner nicht beeinflussen oder steuern. Hier kann man höchstens unterstützend eingreifen, indem man dem Hund Schutz bietet. Erfolgreicher kann man bei Angst vor Motorengeräuschen oder Kinderlärm arbeiten.

Gewitter und andere nicht beeinflussbare Geräusche

LÖSUNGSANSATZ 1 – KONSTITUTIONSMITTEL SUCHEN

Suchen Sie gemeinsam mit Ihrem Tierheilpraktiker das Konstitutionsmittel für den Hund. Es kann die Angst zwar nicht heilen, aber verringern und Ihrem Hund bei der Akzeptanz des Auslösers, z. B. Gewitter, helfen.

LÖSUNGSANSATZ 2 –
ANGST DRINNEN

Schaffen Sie für Ihren Hund im Haus oder in der Wohnung einen sicheren Rückzugsort. Dies kann eine Box sein oder ein Platz unter dem Tisch. Machen Sie Ihrem Hund diesen Platz schmackhaft. Verknüpfen Sie die Box mit positiven Ereignissen wie Spielen, Kuscheln oder Füttern. In der Regel nimmt der Hund die Box sehr schnell und gerne an.

Versuchen Sie herauszufinden, wo sich Ihr Hund am wohlsten fühlt. Verhält sich Ihr Hund an diesem Platz ruhig und entspannt, stören Sie ihn bitte auch nicht durch streicheln oder sprechen.

LÖSUNGSANSATZ 3 –
ANGST DRAUSSEN

Achten Sie in der Gewittersaison bitte darauf, dass Ihr Hund ein Brustgeschirr trägt, aus dem er sich nicht befreien kann. Inzwischen bieten viele Hersteller sogenannte Panik- und Sicherheitsgeschirre an. Gerät Ihr Hund draußen in Panik, haben Sie ihn in so einem Geschirr gut unter Kontrolle und er kann nicht fliehen.

Führen Sie Ihren Hund nicht an einem Halsband. Auch Freilauf sollten Sie so gestalten, dass Ihr Hund nicht flüchten kann. Schleppleinen können für Hund und Halter in Paniksituationen ebenfalls gefährlich werden, es besteht Stolpergefahr und ein gewisses Verletzungsrisiko. Ein absolutes No-Go sind die sogenannten Roll- oder Flexileinen, die wirklich schwerste Verletzungen bei Hund und Halter verursachen können.

An erster Stelle aber steht: Geben Sie Ihrem Hund Sicherheit. Sie verstärken die Angst nicht, wenn Sie Ihren Hund streicheln und/oder beruhigend mit ihm sprechen. Vermitteln Sie Ihrem Hund keinen Schutz oder Sicherheit, gefährden Sie lediglich sein Vertrauen in Sie. Kein Hund wird sich auf einen ignoranten Halter verlassen wollen.

Motorengeräusche, Kinderlärm und bestimmte Situationen

Bei Angst vor Motorengeräuschen, Kinderlärm und Situationen kann man sehr gut mit der Inflationierungsmethode arbeiten.

TRAININGSSCHRITT 1, WOCHE 1 –
DISTANZEN FESTSTELLEN

Finden Sie gemeinsam mit Ihrem Hund die Distanz heraus, aus der ihm das Geräusch noch nichts ausmacht. Ihr Hund zeigt z. B. in einer Entfernung von 50 m (das ist nur ein Beispiel) noch keine Stresssymptome wie Hecheln, angelegte Ohren, eingezogene Rute und Zittern.

TRAININGSSCHRITT 2, WOCHE 2 –
DISTANZEN VERRINGERN

Ich arbeite **grundsätzlich** und **ausschließlich** mit Positivverstärkern. Dies kann Futter, Spielzeug, Streicheln oder Sprechen sein. Bitte passen Sie den positiven Verstärker immer individuell an Ihren Hund an. Wenn Ihr Hund kein großes Interesse an Leckerchen hat, werden Sie damit im Training auch keine großen Erfolge erzielen.

Verringern Sie nun langsam, auch wenn es nur 1 m ist, den Abstand zu dem Geräusch, das Ihrem Hund Angst macht. Suchen Sie sich dafür einen Ort aus, an dem die Geräusche nicht zu stark sind. Also eine nicht so stark befahrene Nebenstraße oder einen eingezäunten Spielplatz bei einem Kindergarten.

Verhält sich Ihr Hund ruhig und ist entspannt, folgt etwas Positives für ihn: Futter, ein Spiel oder nur der Sozialkontakt mit Ihnen.

TRAININGSSCHRITT 3, WOCHE 3 – IMMER NÄHER HERAN

Arbeiten Sie sich nun langsam immer näher an den Angstauslöser heran. Geben Sie Ihrem Hund genügend Zeit. Nähern Sie sich nicht zu schnell, wenn nötig gehen Sie lieber einen Schritt zurück. Nun wird der Hund langsam auch weniger getröstet und beruhigt.

BITTE BEACHTEN

Gehen Sie zu schnell vor, kann Sie das im Training um viele Tage zurückwerfen. Denken Sie beim Training an etwas, das Ihnen Angst macht, z. B. Spinnen, Schlangen oder Erlebnisse. Wie würden Sie selbst an diese Ängste herangehen? Versetzen Sie sich mit diesen Gedanken in die Lage Ihres Hundes.

KURZ GEFASST

· ·
- Konstitutionsmittel suchen
- Rückzugsort für den Hund schaffen
- Hund sichern
- Sicherheit geben
- Distanzen verringern
· ·

Smilla wird langsam immer näher herangeführt. Nun weicht sie schon nicht mehr zurück.

Smilla kann jetzt entspannt und ohne Angst vor dem Radfahrer gehen.

Homöopathische Lösungs-
vorschläge

ACONITUM NAPELLUS
Akutmittel nach einem Schock. Kann von Rauferei, Knall oder Unfall ausgelöst werden.

Der Aconitum-Hund regt sich schnell auf, ist dann plötzlich aufbrausend, erschreckt sich aber auch leicht und wird dabei sogar gewalttätig. Widerspruch duldet er keinen, er beruhigt sich jedoch schnell wieder. Der Hund ist aus seinem bis dahin ruhigen Leben herausgeworfen und alles wird als anders und bedrohlich empfunden. Er wacht plötzlich auf und will fliehen. In seiner Panik bekommt er dann einen starren Blick und meint, dass er seiner Situation vollkommen ausgeliefert ist. Er hat eine psychische und physische Unruhe. Dadurch hat er das Vertrauen zur Umwelt verloren.

Für mich ist das ein Mittel, das ich sehr gerne bei Auslandshunden verwende, da der Besitzer und ich die Vorgeschichte oft nicht kennen. Auch wenn der Hund schon immer bei einer Familie war, erkennt man oft den Auslöser der plötzlich auftretenden Angst nicht, weil der Hund manche Situationen durch frühere Ereignisse falsch versteht und dadurch falsch verknüpft.

ARSENICUM ALBUM
Der Hund wird von Unruhe getrieben und meint, er sei ständig auf der Flucht. Für Dunkelheit ist er sehr anfällig, denn er fürchtet diese. Er fühlt sich schwach und wehrlos, benötigt deshalb seinen Besitzer, der dann in seiner Nähe sein muss. Aber er traut seinem Besitzer auch nicht so ganz. Jedoch hat er Angst, dass der Besitzer ihn verlassen könnte, und macht daher alles, damit er ihn nicht vergrault. Beim Lernen arbeitet er sehr gewissenhaft. Er ist auch sehr pedantisch, es muss alles an seinem Platz sein, denn er liebt Ordnung. Wenn er der Meinung ist, sein Körbchen und seine Decke sind nicht in Ordnung, bringt er es in Ordnung. Auffällig ist, dass er sein Wasser oft in kleinen Mengen trinkt, aber dafür sehr häufig.

BELLIS PERENNIS
Die Symptome sind oft durch tiefe seelische oder körperliche Verletzungen, z. B. den Tod eines Gefährten, ausgelöst worden. Der Hund ist in seiner Angst nicht gerne alleine, will aber auch nicht berührt werden. Gewehrschüsse auch in sehr weiter Entfernung lösen eine Angstattacke aus. Die leisen Geräusche ängstigen ihn manchmal sogar noch schlimmer als die lauten. Bei den Geräuschen fährt er oft richtig zusammen. Er findet sich in seinem Umfeld nicht mehr zurecht, was durch Fassungslosigkeit nach Enttäuschungen ausgelöst wird. Er ist bemüht, sich anzupassen, fühlt sich aber nur eingeengt.

BORAX
Der Borax-Hund ist ängstlich, zappelig und nervös. Er hat Angst vor plötzlichen und unerwarteten Geräuschen, auch wenn sie sehr leise sind. Der Besitzer hört sie oft nicht mal selbst. Bei den Geräuschen, Gewehrschüssen, auch Donner ist er sehr erregt.

Er hat Probleme mit Schaukelbewegungen, z. B. im Auto, die er nicht verträgt.

Er klammert sich oft regelrecht an den Besitzer und hat das Gefühl, ohne ihn die Situationen nicht zu überstehen. In normalem Zustand ist er aber sehr wohl selbstständig.

Es fällt auf, dass er vor dem Kotabsatz oft schlecht gelaunt ist. Ist das Geschäft erledigt, bessert sich sofort die Stimmung. Auf dem Hundeplatz ist er schlecht zu motivieren, weil er faul ist.

CAUSTICUM

Gegenüber Fremden ist er sehr misstrauisch. Er ist geprägt von Ruhelosigkeit und in seiner Angst hat er oft unwillkürlichen Urinabgang. Arbeiten will er nicht und hat eine Abneigung gegen Anstrengung. Vieles macht ihm Angst: eine Veränderung, ein neuer Ort, Menschenansammlungen, Geräusche und Gewitter.

Sucht sich einen Schlafplatz, der viele Seiten einschließt. Am liebsten ist er in seiner Hundebox, in Ecken oder unter dem Tisch. Den Beschwerden gehen oft psychische und körperliche Überbelastungen voraus. In der Dunkelheit fürchtet er sich und ist sehr unsicher, hat dann keinen Kot- und Urinabsatz.

KURZ GEFASST

· ·

- Aconitum napellus ist ein Akutmittel für den Schock, der auch Angst vor Geräuschen auslösen kann
- Arsenicum album ist das Mittel für Hunde, die vollkommen erschöpft sind, aber keine Ruhe finden, auch nicht im Schlaf
- Bellis perennis wirkt ähnlich wie Arnica mit dem Unterschied, dass eine Besserung durch Bewegung erreicht wird
- Causticum ist geprägt von Ruhelosigkeit und Angst

· ·

NUX VOMICA

Schon als Welpe ist er wagemutig, frech und hat ein feuriges Temperament. Er ist sehr reizbar und geprägt von Härte, Eifer, Ehrgeiz und Ungeduld. Er leidet unter starkem innerem Druck. Er hat große Konzentrationsprobleme, so kann er auch das Gelernte nicht behalten. Dadurch baut sich Stress auf. Der Besitzer merkt diese Dilemmas oft nicht. Der Hund kann aber auch nicht aufhören zu arbeiten, was das Ganze noch verschlimmert.

Durch seine Eifersucht kann er böswillig werden und lässt seinem Zorn oft freien Lauf. Geräusche können Angst und Autoaggression auslösen und er will dann nicht berührt werden. Sein Körbchen ist sein Körbchen und er will es mit keinem teilen, denn es ist seine Sicherheit. Dort will er hinein, und zwar ganz schnell.

PHOSPHORUS

Hier erkennen wir Angst vor Gewitter und Geräuschen. Der Hund wird dadurch sehr nervös und kommt nicht zur Ruhe. Er läuft dann panisch davon. Die Angst kann so groß werden, dass er beißt. Es kommt manchmal zu Reaktionen, die als Aggression gedeutet werden können.

Ansonsten sucht er die Harmonie in seiner Familie, Isolation fürchtet er, er will immer dabei sein. Deshalb kann er auch nicht alleine sein. Es geht besser, wenn er in einem Hunderudel lebt. Dabei hat er ausgeprägte Antennen für die Stimmungen innerhalb des Rudels bzw. in der Familie. Wenn die Stimmung schief hängt, versucht er die Unstimmigkeiten zu regulieren.

Mangel an Vitamin B12 kann auch ein Auslöser von Angstzuständen sein.

Alternativen zu Globuli

BACHBLÜTEN

Star of Bethlehem – ist der Seelentröster. Ich verwende ihn in fast allen Mischungen, besonders bei körperlichen und seelischen Erschütterungen, die der Hund noch nicht verkraftet hat. Er ist oft nach Besitzerwechsel, Umzug oder Unfall wie betäubt.

Aspen – für den schreckhaften, oft sensiblen Hund, der manchmal am ganzen Körper zittert. Der Grund der Ängstlichkeit ist häufig schwer zu bestimmen. Typisch ist Angst vor Dunkelheit und ein unruhiger Schlaf.

Mimulus – der scheue und furchtsame Hund, der überreagiert und Angst vor bestimmten Situationen zeigt. Er scheint sich vor Artgenossen, anderen Tieren und Menschen zu fürchten.

Rock Rose – gerät leicht in innere Panik oder wird von Angstgefühlen überwältigt. Nimmt in seiner Angst die Umwelt kaum wahr und ist wie gelähmt. Kann aber auch in wilder Panik weglaufen. Er ist dabei nicht mehr abzurufen.

Rescue-Tropfen – sind Notfalltropfen und können gerne noch beigemischt werden.

SCHÜSSLER-SALZE

Calcium phosphoricum Nr. 2 – ist auf die persönliche Sicherheit bedacht und sieht gerne eine starke Persönlichkeit neben sich. Er ist auch ein wenig introvertiert.

Kalium phosphoricum Nr. 5 – dieser Hund ist überempfindlich, reizbar und ängstlich. Er neigt zu depressiver Stimmung. Es fehlt ihm an geistiger Flexibilität und Durchhaltevermögen.

Magnesium phosphoricum Nr. 7 – hat einen offenen, heiteren und neugierigen Charakter, trotzdem fällt das Lernen schwer. Neigt zu Nervosität und benötigt ganz viel Zuwendung vom Besitzer.

VITAMIN B12

Ein Mangel an Vitamin B12 ist oft auch ein Auslöser von Panikattacken und Angstzuständen. Leider wird der Mangel oft nicht bemerkt. Manchmal wird Vitamin B12 nicht in ausreichender Menge durch das Futter zugeführt oder der Hund kann die Vitamine nicht richtig aufnehmen. Infolgedessen kommt es zu einem Serotoninmangel, der zu einem ängstlichen und nervösen Charakter führt. Es ist ein wichtiges Vitamin. Auch eine Magen-Darm-Erkrankung kann einen Mangel auslösen. Ein Hund, der dann auch noch zu Angstzuständen neigt, sollte eine Vitamin-B12-Kur erhalten.

KURZ GEFASST

· ·

- Nux vomica, Geräusche lösen Angst aus
- Phosphorus, Angst vor Gewitter
- Magnesium phosphoricum, fällt das Lernen schwer
- Vitamin B12 sollte vom Fachmann gegeben werden

· ·

Angst vor Gegenständen

Meistens kann man nicht mehr genau nachvollziehen, warum der Hund Angst vor bestimmten Gegenständen hat. Diese Angst kann auch sehr plötzlich auftreten.

Häufig wird die Angst des Hundes nicht wirklich ernst genommen. Hunde – und auch andere Tiere – drücken Angst anders aus als Menschen. Ängstliche Tiere sind in der Regel sehr still, oft bewegungslos. Sie als Halter sollten auch abwägen, was der Hund wirklich ertragen können muss. Ist es wirklich zwingend nötig, dass der Hund mit dem laufenden Staubsauger in einem Raum ist? In wie weit muss der Hund angstauslösende Gegenstände wirklich dulden?

Andererseits darf man Angst nicht mit Schreck verwechseln. Hunde können schon auch mal einfach nur erschrecken. Das dürfen sie auch, das tun wir auch. Darauf würde ich keinesfalls groß eingehen. Geben Sie Ihrem Hund, wenn er einfach nur erschrickt, kein großes Feedback.

Besen, Staubsauger und anderer Alltagskram

LÖSUNGSANSATZ 1 – ANALYSE

Analysieren Sie, welche Gegenstände welche Art von Angst auslösen. Ist es nur ein Ausweichen, weil z. B. das Geräusch des Staubsaugers für den Hund unangenehm ist, oder ist es tatsächlich Angst?

Überdenken Sie bitte auch, wie oft der Hund mit einem angstauslösenden

Gegenstand konfrontiert wird. Auf einem Spaziergang fand mein Collie-Rüde einen riesigen Kartoffelsack auf einer Schubkarre furchtbar gruselig. Da wir äußerst selten bis nie auf solch gefährliche Kartoffelsäcke treffen, erübrigte sich hier ein weiteres Kartoffelsack-Training.

**LÖSUNGSANSATZ 2 –
ANGST DRINNEN**

Schwieriger wird es, wenn Hunde Angst vor Gegenständen im Haus zeigen. Kommt zweibeiniger Nachwuchs, kann dies z. B. die Babywiege sein, die bisher nicht zum Hausstand gehörte.

Als Verfechter der Inflationierungsarbeit bei Angst rate ich gerne dazu, den Hund neben der Wiege zu füttern. Am Anfang in einem Abstand, den der Hund noch gut tolerieren kann. Dann wird der Abstand langsam immer mehr verringert.

**LÖSUNGSANSATZ 3 –
ANGST DRAUSSEN**

Auch hier sollte untersucht werden, wie oft der Hund dem Gegenstand ausgesetzt wird (siehe oben Kartoffelsack-Angst). Hydranten z. B. sind für Hunde ein häufiger Furchtauslöser im Freien. Draußen können Sie mehrere positive Aktionen nutzen, um dem Hund den Hydranten zu „erklären".

Spielen Sie auf dem Weg zum Hydranten mit dem Hund und werfen Sie den geliebten Ball dann schon mal nah an den Hydranten heran. Belohnen Sie den Hund mit besonderen Leckerchen, wenn er tapfer am Hydranten vorbeigeht. Lenken Sie den Hund mit einem Such-spiel oder kleinen Trainingseinheiten vom Hydranten ab und arbeiten Sie sich so immer näher an das „fürchterliche Objekt" heran.

Regenschirme, Stöcke und andere Traumata

Meine Hündin Queen hatte zutiefst Angst vor geschlossenen Regenschirmen. Offene Regenschirme waren ihr egal, doch sobald man den Regenschirm schloss, geriet sie in Panik. Ihre genaue Vorgeschichte war nicht bekannt, doch wir glaubten, sie wurde mit Regenschirmen und Stöcken geschlagen.

Draußen kann panisches Verhalten richtig gefährlich werden: Läuft ein Hund in Panik davon, sieht und hört er nichts mehr.

**TRAININGSSCHRITT 1, WOCHE 1 –
KONSTITUTIONSMITTEL SUCHEN**

Hier kann das Training mit dem individuellen Konstitutionsmittel unterstützt werden. Suchen Sie dieses mit Ihrem Tierheilpraktiker und bereiten Sie Ihren Hund damit auf das weitere Training vor.

**TRAININGSSCHRITT 2, WOCHE 2 –
GEWÖHNUNG**

Um Queen nach und nach an geschlossene Regenschirme zu gewöhnen, fingen wir mit einem einzigen Regenschirm an, der einfach so im Haus herumlag, und zwar zunächst an einer Stelle, die vom Hund nicht so oft frequentiert wurde. Erst als Queen diesen einen Schirm akzeptierte, kam ein zweiter dazu, der nun gut sichtbar an einem Ort lag, den der Hund öfter aufsuchte.

TRAININGSSCHRITT 3, WOCHE 3 – AUSLÖSER INFLATIONIEREN

Langsam, d. h. über mehrere Tage (je nach Schweregrad der Angst kann es aber auch Wochen dauern), wurde die Anzahl der Schirme erhöht. Nun standen oder lagen an mehreren Stellen im Haus geschlossene Regenschirme. Da müssen nun „Sie durch", es liegen nun eben mal ein paar geschlossene Regenschirme im Haus herum.

BITTE BEACHTEN

Beginnen Sie, wie hier im Beispiel, mit nur einem Regenschirm. Wollen Sie zu schnelle Erfolge oder machen zu große Schritte in der Angsttherapie, kann es passieren, dass Sie genau das Gegenteil erreichen. Bei zu großem Arbeitstempo kann Ihr Hund im ungünstigsten Fall eher noch mehr Angst vor dem Gegenstand entwickeln.

Bei großer Angst vor gefährlichen Schildern wird Smilla „beschützt".

KURZ GEFASST

· ·

- Angstursache analysieren
- Konstitutionsmittel suchen
- Gewöhnung und Inflationierung
- Nicht zu viel auf einmal verlangen

· ·

Homöopathische Lösungsvorschläge

ACONITUM NAPELLUS

Akutmittel nach einem Schock. Kann von Rauferei, Knall oder Unfall ausgelöst werden.

Der Aconitum-Hund regt sich schnell auf, ist dann plötzlich aufbrausend, erschreckt sich aber auch leicht und wird

Smilla hat großes Vertrauen zu Frauchen und geht tapfer am Schild vorbei.

dabei sogar gewalttätig. Widerspruch duldet er keinen, er beruhigt sich jedoch schnell wieder. Der Hund ist aus seinem bis dahin ruhigen Leben herausgeworfen und alles wird als anders und bedrohlich empfunden. Er wacht plötzlich auf und will fliehen. In seiner Panik bekommt er dann einen starren Blick und meint, dass er seiner Situation vollkommen ausgeliefert ist. Er hat eine psychische und physische Unruhe. Dadurch hat er das Vertrauen zur Umwelt verloren.

Für mich ist das ein Mittel, das ich sehr gerne bei Auslandshunden verwende, da der Besitzer und ich die Vorgeschichte oft nicht kennen. Auch wenn der Hund schon immer bei einer Familie war, erkennt man oft den Auslöser der plötzlich auftretenden Angst nicht, weil der Hund manche Situationen durch frühere Ereignisse falsch versteht und dadurch falsch verknüpft.

BELLADONNA

Es ist ein sehr lustiger Hund, aber plötzlich sehr erregbar. Er hat viele eigene Ideen, was den Hundehalter oft erstaunt. Es steckt eine enorme Vitalität in ihm und er ist ausgesprochen lebhaft. Plötzlich wird er wahnsinnig vor Angst, bekommt Tobsuchtsanfälle und dabei wütet, reißt und beißt er. Wenn er zu flüchten anfängt, weil er keinen Ausweg findet, dann rennt er ziellos und gefährdet sich und andere. Ermahnungen erträgt er gar nicht gut, im Gegenteil, es verschlimmert noch alles.

CALCIUM CARBONICUM

Er ist sehr pflegeleicht, bequem und genügsam. Er mag es lieber ruhiger, viel

Lärm und Trubel sind ihm nicht angenehm, wenn er aber eine gute Beziehung zu seinem Besitzer hat, dann geht er mit ihm durch dick und dünn. Veränderungen mag er nicht, alles muss immer gleich ablaufen. Ganz klare Strukturen sind ihm sehr wichtig. Solange das Vertrauen zum Besitzer besteht, ist die Welt noch in Ordnung. Kuschelt gerne und ist auch ein wenig faul. Zerstört man seine Idylle durch Überforderung, wird er stur und dickköpfig, zieht sich in sich selbst zurück und macht gar nichts mehr. Vor Schreck wird er ganz starr und bellt in die Dunkelheit. Die Angst kann so extrem werden, das es Epilepsie auslösen kann.

Bitte niemals den Hund auslachen, das kann er überhaupt nicht verwinden.

SILICEA

Er ist ein nachgiebiger, mutloser und ängstlicher Hund. Das Selbstvertrauen ist nicht ausgeprägt. Mag keine Konflikte, diesen weicht er lieber aus und er ist eher unterwürfig. Charakteristisch ist auch ein Widerspruch zwischen Entschlossenheit und Furchtsamkeit. In ihm steckt eine tiefe Furcht vor Misserfolg, dann zieht er sich zurück. Häufig ist er in der Entwicklung und im Wachstum verzögert. Hauptsächlich hat er Angst vor spitzen Gegenständen. In seiner Angst will er keinen Trost und will auch nicht angesprochen werden. Auch der Versuch, ihn in seiner Angst zu streicheln, klappt nicht. Entweder weicht er aus oder er flieht, soweit es ihm möglich ist.

STRAMONIUM

Der Hund fällt auf durch Heftigkeit bis hin zur Gewalttätigkeit. Er hat aber

Angst, gewalttätig zu sein und fürchtet sich davor. Das Verhalten wird durch ein Schockerlebnis oder den Verlust einer Bezugsperson ausgelöst. Fühlt sich allein gelassen und hilflos, zurückgelassen an einem schrecklichen Ort. Deshalb bindet er sich sehr an den Besitzer und hat Verlassensängste. In der Dunkelheit fürchtet er sich so, dass er dabei vergisst, sein Geschäft zu erledigen. Alleinsein bereitet ihm starke Probleme, er heult und jault und es kommt zur Zerstörung des Inventars. In seiner Panik wird er oft unrein und er hinterlässt Exkremente absichtlich. Vor Tunneln und der Enge von Räumen ängstigt er sich. Im Vordergrund steht die Angst vor glitzernden Gegenständen.

Bachblüten wirken auf seelischer Ebene.

KURZ GEFASST

. . . .

- Aconitum, das Mittel bei Schock
- Belladonna, wenn die Symptome plötzlich auftreten
- Silicea, wenn der Hund zwischen Furchtsamkeit und Entschlossenheit schwankt
- Stramonium, fürchtet sich vor Gewalt

. . . .

Alternativen zu Globuli

BACHBLÜTEN

Aspen – hochempfindlicher und leicht aus der Fassung geratender Hund, ist auch leicht zu manipulieren. Aspen wird bei nicht benennbaren Ängsten eingesetzt.

Mimulus – wagt keine Auseinandersetzung. Er hat Angst vor Objekten wie z. B. Hüten, Regenschirmen usw.

Star of Betlehem – ist der Seelentröster. Ich verwende ihn in fast allen Mischungen, besonders bei körperlichen und seelischen Erschütterungen, die der Hund noch nicht verkraftet hat. Er ist oft nach Besitzerwechsel, Umzug oder Unfall wie betäubt.

SCHÜSSLER-SALZE

Silicea Nr. 11 – ist für starke Nerven und Abschirmung von äußeren Reizen.

Angst vor Menschen

Viele Hunde haben vor ganz bestimmten Menschen Angst: große Männer, Menschen mit dunkler Kleidung oder mit tiefer Stimme ... Diese spezifische Angst ist häufig erlernt.

Die Ursachen, weshalb der Hund Angst vor Menschen hat, können vielfältig sein:

URSACHE 1: HALTUNG

Welpen, die sehr isoliert aufwachsen, reagieren in der Regel scheu und zurückhaltend auf Menschen. Die Prägung auf Umweltreize und Menschen wurde verpasst. Es wird oft unterschätzt, wie wichtig die Zeit ab der zweiten Lebenswoche ist, wenn Welpen die Augen öffnen und zu hören beginnen.

Die Prägung der Welpen beginnt schon in der dritten Lebenswoche. Alles was Welpen in dieser Zeit sehen, erleben, fühlen, riechen und erfahren, wird für immer „abgespeichert".

URSACHE 2: AUSBILDUNG

Leider gibt es auch heute noch veraltete Ansichten in der Hundeausbildung. Wie in der Einleitung erwähnt, sind Ausbildungsmethoden abzulehnen, die auf sogenannten Rudelführer- oder Dominanztheorien fußen.

Das zum Schaden der Hunde noch immer propagierte „Man muss den Hund erst brechen und dann neu aufbauen" kann fatale Folgen haben. Diese Hunde sind oft ganz besonders handscheu, weichen aus, sind sehr laut und zeigen häufig extreme Übersprungshandlungen wie Schnappen, Beißen, Dauerkläffen oder Einnässen.

URSACHE 3: MISSHANDLUNGEN

Als Erstes denkt man bei Misshandlungen an Schläge oder Tritte. Dabei vergisst man, dass Hunde häufig auch psychisch misshandelt werden. Zu psychischer Misshandlung zählen die Haltung (Isola-tion) und Ausbildung (aversive Methoden), aber auch Nahrungsentzug und Entzug von Sozialkontakten zu Menschen und anderen Tieren.

URSACHE 4:
ERLERNTE ANGST UND ERBLICHE ANLAGE

Wie schon erwähnt, beginnt die Prägezeit von Hunden bereits mit der zweiten Lebenswoche. Lernt der Welpe in dieser Zeit Menschen als eher negativ kennen, wird er in seinem weiteren Leben dieses Misstrauen behalten. Mit sensiblem Training kann dem Hund jedoch gut geholfen werden.

Menschenangst kann bei Straßenhunden, die schon mehrere Generationen nicht mehr eng mit dem Menschen zusammenleben, „vererbt" werden. Dies passiert in der Regel recht schnell. Meist kann man schon die dritte Generation als „Wildhunde" bezeichnen. Obwohl die Welpen meist wenig bis keine Erfahrungen mit Menschen gemacht haben, sind sie scheu und zeigen ausgeprägtes Fluchtverhalten vor dem Menschen.

Straßenhunde aus der dritten, vierten und weiteren Generationen sind auch mit jahrelangem Training oft nicht mehr therapierbar und behalten ihre Menschenangst und Menschenscheu ein Leben lang.

Das Lassie-Syndrom – Menschen sensibilisieren

Ihr Hund muss sich **nicht** von jedem Menschen anfassen lassen. Jeder Hund hat das Recht auszuweichen, wenn er sich vor bestimmten Menschen ängstigt oder im Moment einfach keine Lust auf Berührungen hat.

Einige Rassen, vor allem langhaarige und/oder kleine Hunde, ermuntern den Menschen geradezu zu „Streichelattacken". Vor allem meine Collies hatten unter dem „Lassie-Syndrom", wie ich es gerne nenne, zu leiden. Lassie ist ja immer nett. So wurde meinem Collierüden im Vorbeigehen von vielen Menschen der Kopf getätschelt, ohne vorher zu fragen. Es handelte sich dabei bei Weitem nicht nur um Kinder, sondern in der Regel um Erwachsene.

Es ist eindeutig nicht unhöflich, wenn Sie Menschen darum bitten, Ihren Hund nicht anzufassen. Versetzen Sie sich einfach wieder in die Lage des Hundes. Stellen Sie sich vor, wenn Ihnen so etwas passiert: Fremde gehen an Ihnen vorbei und streichen Ihnen ohne zu fragen und ohne Erlaubnis über den Kopf.

Es ist auch nicht unhöflich, wenn Sie keine große Rechenschaft dafür ablegen, warum Ihr Hund jetzt gerade keine Lust oder sogar Angst vor einer Kontaktaufnahme hat. Da nutzt es auch nichts, wenn sich der potenzielle Spontan-Streichler über Ihren Hund beugt und diesem versichert: „Also ich tue dir nichts, du brauchst doch keine Angst haben, ich bin ganz lieb ..." Dies fördert die Angst des Hundes nur noch mehr.

„Lassies" leiden besonders häufig unter Spontan-Streichlern. Die Folgen können Angst oder Scheu sein.

KURZ GEFASST

· ·
- Angstursache analysieren
- Konstitutionsmittel suchen
- Ihr Hund muss sich nicht anfassen lassen
- Beschützen Sie Ihren Hund vor Spontan-Streichlern
· ·

Angst vor Menschen im Haus

Es gibt Hunde, die meinen, alle Menschen wären nur für sie da und kämen auch nur wegen ihnen zu Besuch. Hat der Hund jedoch Angst vor Besuchern, kann dies großen Stress für ihn bedeuten. Auffallend ist, dass dies sehr häufig bei Hunden vorkommt, die schon öfter ihr Zuhause verloren hatten.

LÖSUNGSANSATZ 1

Analysieren Sie, welche Menschen bei Ihrem Hund Angst auslösen. Sind es vor allem Männer, bestimmte Kleidungsstücke, Stimmen, Lachen oder Bewegungen ...?

Die Suche nach dem Konstitutionsmittel kann Ihnen beim Training helfen.

LÖSUNGSANSATZ 2

Sensibilisieren Sie Besucher und bitten Sie diese, den Hund nicht zu bedrängen oder anzusprechen. Bitten Sie Besucher, den Hund einfach zu ignorieren. Oft wird geraten, der Besucher solle hundeartige Beschwichtigungssignale wie Gähnen, Blinzeln oder Wegdrehen zeigen. Ich versichere Ihnen, dass Ihr Hund im Moment der Angst kein Auge für diese Signale hat, zumal der Mensch diese Signale häufig auch nicht richtig ausführt.

LÖSUNGSANSATZ 3

Ist die Angst vor Menschen bei Ihrem Hund nicht extrem ausgeprägt, kann es helfen, Besucher mit Leckerchen auszustatten. Gegebenenfalls natürlich, Ihr Hund traut sich so nah an den Besucher heran. Bitten Sie Besucher, dabei nicht mit dem Hund zu sprechen, vor allem, wenn der Hund Angst vor bestimmten Stimmen hat.

Zeigt Ihr Hund extreme Angst vor Besuchern, sollte in kleinen Schritten trainiert werden. Inflationierungstraining funktioniert hier leider nicht.

TRAININGSSCHRITT 1, WOCHE 1 –
KEIN ZWANG

Zwingen Sie Ihren Hund zu nichts. Wenn er sich zurückzieht, geben Sie ihm die Möglichkeit dazu. Platzieren Sie eine Decke oder das Körbchen Ihres Hundes so, dass er den Besucher zwar hören, aber nicht sehen kann. Achten Sie darauf, dass sich der Hund nicht zu weit entfernt aufhält. Es sollte immer zumindest akustischer Kontakt zum Hund bestehen.

Hunde mit ausgeprägter Menschen-/ Besucherangst dürfen keinesfalls zu einer Kontaktaufnahme gezwungen werden. Damit verspielen Sie das Vertrauen Ihres Hundes.

TRAININGSSCHRITT 2, WOCHE 2 –
DISTANZEN LANGSAM VERRINGERN

Haben Sie den Eindruck, Ihr Hund entspannt auf seiner „Sicherheitsinsel" immer mehr, rücken Sie Decke/Körbchen immer näher an die Besucher heran. Achten Sie darauf, dass die Besucher sitzen. Bitten Sie darum, den Hund nicht zu bedrängen oder anzufassen. Eventuell können Sie den Besuch nun mit besonderen Leckerchen ausrüsten, die dem Hund aus einer Distanz zugeworfen werden.

Bis Sie an Trainingsschritt 2 gelangen, können je nach Ausprägung der Angst mehrere Wochen vergehen.

TRAININGSSCHRITT 3, WOCHE 3 –
INDIVIDUELLE DISTANZEN AKZEPTIEREN

Die Distanz wird nun immer weiter verringert. Haben Hunde eine gewisse Sicherheit gewonnen, kommt die Neugier meist von alleine durch. Am besten sitzt der Besuch, während Sie Ihren Hund langsam immer näher an den Besuch heranlocken. Respektieren Sie jedoch bitte die individuelle Sicherheitsdistanz Ihres Hundes. Gehen Sie in kleinen Schritten vor, wenden Sie keinen Zwang an.

Wenn Sie diesen Schritt erreicht haben, ist schon viel geschafft. Denken Sie aber stets daran, dass es Rückschritte geben kann.

TRAININGSSCHRITT 4, WOCHE 4 –
IMMER NÄHER RAN

Alles das, was Hunde freiwillig tun, respektieren und akzeptieren, lernen sie schneller. Ihr Besuch sitzt wieder und nun warten Sie, ob sich der Hund freiwillig ein Leckerchen abholt. Geduld ist das wichtigste. Brechen Sie nichts übers

Knie. Versetzen Sie sich wieder in die Lage des Hunden, indem Sie an einen für Sie angstauslösenden Faktor denken.

BITTE BEACHTEN

Wenden Sie keinesfalls Zwang an. Ziehen Sie den Hund niemals an der Leine zum Besucher. Geben Sie Ihrem Hund genügend Zeit. Falls Sie zu schnell vorgegangen sind, gehen Sie einen Trainingsschritt zurück.

KURZ GEFASST

- Keinen Zwang anwenden
- Distanzen langsam verringern
- Individuelle distanzen akzeptieren
- Viel Geduld haben

Homöopathische Lösungs- vorschläge

ACONITUM NAPELLUS

Akutmittel nach einem Schock. Kann von Rauferei, Knall oder Unfall ausgelöst werden.

Der Aconitum-Hund regt sich schnell auf, ist dann plötzlich aufbrausend, erschreckt sich aber auch leicht und wird dabei sogar gewalttätig. Widerspruch duldet er keinen, er beruhigt sich jedoch schnell wieder. Der Hund ist aus seinem bis dahin ruhigen Leben herausgeworfen und alles wird als anders und bedrohlich empfunden. Er wacht plötzlich auf und will fliehen. In seiner Panik bekommt er dann einen starren Blick und meint, dass er seiner Situation vollkommen ausge- liefert ist. Er hat eine psychische und physische Unruhe. Dadurch hat er das Vertrauen zur Umwelt verloren.

Große Männer mit Hut können Angst auslösen. Der Hund sollte keinesfalls bedrängt werden..

Der Besucher steht ruhig, bedrängt den Hund nicht – und schon siegt die Neugier des Hundes.

Smilla nimmt Leckerchen, die Situation ist entspannt, der Besucher hat den Hund zu nichts gezwungen.

Für mich ist das ein Mittel, das ich sehr gerne bei Auslandshunden verwende, da der Besitzer und ich die Vorgeschichte oft nicht kennen. Auch wenn der Hund schon immer bei einer Familie war, erkennt man oft den Auslöser der plötzlich auftretenden Angst nicht, weil der Hund manche Situationen durch frühere Ereignisse falsch versteht und dadurch falsch verknüpft.

ARGENTUM NITRICUM
Er meint, dass er nur akzeptiert wird, wenn er alle Situationen und Krisen bewältigen kann. Er ist für mich der „Krisenmanager". Nervöser, impulsiver und gehetzter Hund. Vor Prüfungen oder Turnieren ist er unkonzentriert und man hat das Gefühl, er hat alles vergessen. Wenn kein Stress vom Hundebesitzer ausgeht und es normal auf dem Hundeplatz zugeht, ist er absolut in Ordnung. Manchmal fühlt er sich eingesperrt, er reagiert dabei sehr impulsiv und würde am liebsten „aus dem Fenster springen". Begegnungen mit neuen Menschen und Menschenansammlungen bereiten ihm oft große Probleme.

ARSENICUM ALBUM
Dieses Mittel beschützt den Hund, wenn er von einer inneren Unruhe getrieben wird. Er fühlt sich ständig auf der Flucht und läuft immer hin und her. Er ändert ständig seine Lage, denn kein Platz ist richtig. Er ist getrieben durch Angst. Bei Besuchern, die er nicht kennt, findet er keine Ruhe. Will dann aber auch nicht alleine sein, manchmal hilft schon ein Rudelmitglied, das souverän ist. Auf dem Hundeplatz arbeitet er sehr gewissenhaft und ordentlich. Menschen, die in der Dunkelheit entgegenkommen, lösen bei dem Hund erst recht eine Angstattacke aus, da er sich auch in der Dunkelheit fürchtet. In der Phase der Angst nimmt er weder Futter noch Leckerlis an.

BELLADONNA
Es ist ein sehr lustiger Hund, aber plötzlich sehr erregbar. Er hat viele eigene Ideen, was den Hundehalter oft erstaunt. Es steckt eine enorme Vitalität in ihm und er ist ausgesprochen lebhaft. Plötzlich wird er wahnsinnig vor Angst, bekommt Tobsuchtsanfälle und dabei wütet, reißt und beißt er. Wenn er zu flüchten anfängt, weil er keinen Ausweg findet, dann rennt er ziellos und gefährdet sich und andere. Ermahnungen erträgt er gar nicht gut, im Gegenteil, es verschlimmert noch alles.

GELSEMIUM
Es ist ein geschwächter Hund. Ihm mangelt es an Willenskraft. Er zittert und will in Ruhe gelassen werden. Als Folgen von Kummer wird er nervös und überdreht. Die Beschwerden sind oft durch Aufregung ausgelöst. Vor schweren Aufgaben und Prüfungen wird er befangen und verliert seine Selbstsicherheit, die Beherrschung und sein inneres Gleichgewicht. Ich habe festgestellt, dass sie aber mutig ihre Prüfung ablegen und sich ihrer Angst stellen. Es steht in Büchern, dass er bei Prüfungen feige sei, das konnte ich bis jetzt nicht feststellen. Er meistert seine Aufgaben trotz seiner Angst so tapfer und so mutig, dass es einen rührt. Das Verlangen nach Halt in seinem „Rudel" ist ganz wichtig.

KURZ GEFASST

- Aconitum, die wichtigste Komponente für die große nervliche Übererregbarkeit
- Arsenicum album, läuft unruhig hin und her
- Belladonna, wird wahnsinnig vor Angst
- Gelsemium, benötigt sein Rudel als Sicherheit

LAC CANINUM

Dies ist für mich das wichtigste Mittel, um generell Angst zu behandeln.

Man nimmt es z. B. für einen Auslandshund, Tierheimhund und gequälten und geschlagenen Hund. Auch bei einem Hund, der im Welpenalter schlecht und isoliert gehalten worden ist oder von seiner Mutter zu früh getrennt wurde. Es ist ein Mittel, das sehr hilfreich ist, um dann mit gezielter Erziehung einen Erfolg zu erzielen. Es erscheint einem, dass der Hund meint, „unwichtig"zu sein, dadurch ist er sehr empfindlich und von vielen Ängsten verfolgt. Er ist oft nervös und geschwächt und wechselt zwischen Lethargie und Wutanfällen.

LYCOPODIUM

Hat kein Vertrauen zu seinen eigenen Kräften. Durch sein fehlendes Vertrauen verhält er sich sehr oft aggressiv und spielt sich auf. Er wirkt oft überheblich und ist griesgrämig und launisch. Geistig ist er sehr rege, hat aber Konzentrationsprobleme. Körperlich ist er sehr schnell müde. Er ist ein absoluter Morgenmuffel, der in der Früh nicht so zeitig Gassi gehen will. Will man ihn zu einer Aktion zwingen, reagiert er oft aggressiv, beißt aber nicht, sondern warnt mit Knurren. Benötigt eine Distanzgrenze. Ein schlechte Behandlung oder eine körperliche Misshandlung vergisst er nie. Braucht einen selbstbewussten Hundehalter, denn er ist sehr schwer zu erziehen. Schreckt auch nicht davor zurück, dem Besitzer zu drohen. Er hat auch oft Probleme mit Artgenossen und Angst vor Männern.

Alternativen zu Globuli

BACHBLÜTEN

Aspen – hat unerklärliche Ängste. Er zittert wie „Espenlaub" und ist sehr schreckhaft.

Rock Rose – extreme Angstzustände, die in Panik ausarten. Er ist nicht mehr ansprechbar und reagiert auf Beruhigungsversuche mit größten Panikattacken.

Rescue-Tropfen (Notfalltropfen) – gehören für mich auf alle Fälle zu den Bachblütenmischungen dazu. Es ist für mich der Seelentröster. Leider wissen wir oft nicht genau, wie und warum sich bei dem Hund eine Angststörung entwickelt hat, auch wenn er seit dem Welpenalter bei uns ist.

SCHÜSSLER-SALZE

Kalium phosphoricum Nr. 5 – kann in schweren Fällen sehr schnell helfen. Die Gabe muss aber über eine längere Zeit erfolgen. Wirkung ist belebend. Vorsicht, lieber am Vormittag verabreichen.

ALLESFRESSER

Auffälliges Fressverhalten

Bis zu einem gewissen Grad ist das Fressverhalten angeboren. Kritisch wird es vor allem dann, wenn Hunde Dinge verschlingen, die giftig oder unverdaulich sind.

Wo hört genetisch bedingtes Fressverhalten auf und wo fängt ungewöhnliches Fressverhalten an? Es sind drei Theorien denkbar für den „unersättlichen Appetit", der vielen Hunden nachgesagt wird:

WOLFSERBE

Wenn Wölfe oder Wildhunde Jagderfolg haben, fressen diese so viel wie möglich. Keiner von ihnen weiß ja, wann es wieder etwas gibt. Bis zur nächsten Beute kann es schon mal ein paar Tage dauern. Wölfe oder Wildhunde dürfen also nicht „zu schnell satt" sein.

RASSEBEDINGT

Vor allem Jagdhundrassen wird unstillbarer Hunger nachgesagt. Allen voran die Retriever-Schläge, wie der Labrador, sowie Beagle oder Cocker Spaniel. Ein satter Hund jagt nicht, er sieht keine Veranlassung dazu. Hunger ist für Jagdhunde also wichtig.

ESSSTÖRUNG

Hunde können unter einer Störung leiden, die auch beim Menschen vorkommt. Beim sogenannten Prader-Willi-Syndrom verspürt der Patient kein Sättigungsgefühl und nimmt im Notfall auch ungenießbare oder unverdauliche Stoffe auf (Literatur: Jörg M. Steiner, Gastroenterologie bei Hund und Katze).

Neben den oben erwähnten angeborenen Gründen für ungewöhnliches Fressverhalten können auch psychologische Ursachen Auslöser sein:

NAHRUNGSMANGEL

Wachsen Hunde mit ständigem Nahrungsmangel auf, kann sich ein regelrechter „Fresswahn" entwickeln. Alles, was auch nur ansatzweise fressbar erscheint, wird verschlungen. Auch Gegenstände, die keine normale Nahrung sind, wie Steine, Holz oder Stoff.

HALTUNG

Vor allem Hunde, die auf sehr engem Raum gehalten werden (Zwinger, Tierhortung), entwickeln häufig Zwangsstörungen, die ein normales Fressverhalten negativ beeinflussen können. Futterneid oder falsche Nahrung begünstigen ein gestörtes Fressverhalten.

ANERZOGEN

Dies geschieht meist unbewusst und ungewollt: Der bettelnde Hund am Tisch guckt ja so nett, der Nachbar füttert den Hund ja so gerne, die ältere Dame hat immer Leckerchen dabei ... Es kann passieren, dass Hunde lernen, alles zu vertilgen, was ihnen hingehalten wird.

NAHRUNGSÜBERFLUSS

Der Hund wird ständig gefüttert, und wenn er „nicht richtig isst", bekommt er etwas anderes und besseres, bis hin zu ganzen selbst gekochten Menüs. Der Halter setzt seinen Hund mit einem Kind oder Partner gleich, das/der immer versorgt werden muss.

Lerntheorie Erfolg – Misserfolg

Ich bin nach wie vor der festen Überzeugung, dass es bei Hunden nur eine einzige Lerntheorie gibt: Erfolg und Misserfolg.

ERFOLG

Der Hund bekommt für eine Handlung sein gewünschtes/erwartetes Feedback, also z. B. Lob, Futter, Spielzeug oder soziale Zuwendung. Der Hund wird bei Erfolg das vorangegangene Verhalten immer wieder zeigen. Ob dieses Verhalten gewünscht (z. B. schnelles Ausführen eines Kommandos) oder unerwünscht (z. B. vehementes Anspringen) ist, spielt für den Hund keine Rolle.

MISSERFOLG

Der Hund bekommt auf ein bestimmtes Verhalten kein Feedback. Das heißt, der Hund wird ignoriert, bekommt kein Lob, kein Futter und auch keine sozialen Kontakte. Als Folge wird der Hund dieses Verhalten sehr schnell ablegen, da es sich für ihn nicht lohnt.

Auf der Lerntheorie „Misserfolg" wird das Training bei ungewöhnlichem Fressverhalten aufgebaut.

Clooney, der Meisterdieb – er klaut einfach alles, was essbar ist. Bislang mit viel Erfolg.

**BEISPIEL AUS DER PRAXIS:
METCHLEY, COLLIE-RÜDE, 9 JAHRE ALT,
TIERSCHUTZ**

Metchley ging es eigentlich nie schlecht. Er war als Welpe in einer sehr erfahrenen Pflegestelle, die auf Collies spezialisiert war. Er kam im Alter von 9 Wochen zu uns.

Von Anfang an fraß Metchley alles. Egal ob Fleisch, Obst, Gemüse, er schluckte alles, was auf dem Boden lag oder herunterfiel. Sogar Kaffeebohnen verschmähte er nicht.

Bei ihm musste ich konsequent am Aufbau eines positiven Verbots- und Abbruchwortes arbeiten.

KURZ GEFASST

· ·

- Gründe definieren
- Psychologische Ursachen abklären
- Eigene Haltung zum Fressverhalten ändern
- Keine Erfolge bieten

· ·

Allesfresser aus der Sicht des Tierheilpraktikers

Appetit heißt, der Hund hat ein lustvoll geprägtes Verlangen nach Futter. Aufgrund dieses Appetits ist es möglich, (weiter) fressen zu wollen, auch wenn er keinen Hunger (mehr) hat.

Das Fressverhalten von Hunden, abgesehen von Erkrankungen, wird durch Instinkt, Erziehung und Erfahrung geprägt. Wir müssen auf alle Fälle reagieren, wenn der Hund anfängt, ständig Futter zu verlangen und dann ungewöhnliche Dinge frisst, wie z. B. Stoff, Plastik, Steine usw. Auch Kot, Erde, Steine, Holz, rohe Kartoffeln, Aas, Papier gehören nicht in den Magen von Hunden, egal ob Jungtiere oder erwachsene Hunde.

GENETISCHE URSACHEN

Bei sogenannten Staubsaugern, also Rassen mit genetischer Disposition, sollte besonders auf die Zusammenstellung des Futters geachtet werden.

MEDIZINISCHE URSACHEN

Schilddrüsenerkrankungen sollten vorher unbedingt abgeklärt werden.

Diabetes kann Heißhunger auslösen. Eine Verwurmung des Hundes kann ebenfalls Alles- oder Vielfresserei verursachen, ebenfalls das Fehlen von bestimmten Mineralien oder Vitaminmangel.

Diese Erkrankungen müssen aber auf alle Fälle vor einer Behandlung von einem Fachmann abgeklärt werden.

Clooney macht auch vor weggeworfenem Müll nicht halt. Es kann für Hunde tödlich enden, wenn sie alles, was sie finden, sofort schlucken.

Unersättlicher Appetit

Manchen Rassen ist unersättlicher Appetit angeboren und bei diesen Rassen auch erwünscht. Jagdhunde arbeiten ausdauernder, z. B. der Beagle, wenn das Hungergefühl immer da ist. Wahrscheinlich eher zufällig wurde durch die Selektion auf Arbeitsleistung diese „Fressveranlagung" weitervererbt. Verpaart wurden ja immer nur die am besten arbeitenden Hunde.

Lösungen für drinnen

LÖSUNGSANSATZ 1 – AUFRÄUMEN

Es klingt zwar recht abgedroschen, ist jedoch die einfachste und effektivste Lösung: Aufräumen, Wegräumen, Erfolg verhindern.

Wie erwähnt lernt der Hund über Erfolg und Misserfolg. Hat der Hund zu Hause immer wieder die Möglichkeit, Fressbares zu ergattern, wird er sich auch immer wieder auf die Suche begeben. Räumen Sie Speisereste, Mülleimer, Bioabfalleimer und Ähnliches so auf, damit Ihr Hund nicht drankommt.

LÖSUNGSANSATZ 2 – MAGENFÜLLER

Zeigt Ihr Hund ständig Hunger an, füttern sie sogenannte Sattmacher. Achten Sie dabei aber bitte darauf, was Ihr Hund verträgt, und checken Sie auf jeden Fall Allergien und Unverträglichkeiten ab:
Magenfüller 1: Haferflocken. Sie können diese wertvollen Ballaststoffe auch mit Joghurt (nur wenn keine Laktoseintoleranz vorliegt), frischem Obst oder Gemüse kombinieren. Nachtschattengewächse wie z. B. Paprika, Aubergine, Tomaten und Kartoffeln bitte nur **gekocht** verfüttern.
Magenfüller 2: Kartoffeln. Diese Knolle ist zusätzlich auch noch sehr gesund und beruhigt Magen und Darm. Kartoffelbrei wird von vielen Hunden sehr gerne angenommen. Auch für übergewichtige Hunde sehr geeignet, da sehr kalorienarm.
Magenfüller 3: Eiweiß. Fisch und Eier sind gesunde Sattmacher, Fisch hilft auch noch beim Abnehmen. Auch eiweißreiches Fleisch gibt Ihrem Hund ein lang anhaltendes Sättigungsgefühl. Leider kursiert noch immer der Aberglaube, dass Hunde kein Eiweiß fressen dürfen, was ein Irrtum ist. Ich gebe Eier, roh oder gekocht, immer ganz.

LÖSUNGSANSATZ 3 – BESCHÄFTIGUNG

Beschäftigen Sie Ihren Hund mit einem sehr harten Kauteilchen. Gut geeignet ist Rinderkopfhaut, Rinderkniescheiben, Ochsenschwanz oder Hirschgeweih. Der Fettanteil hält sich bei diesen Kauteilen in Grenzen und die Beschäftigung hält den Hund von der Futtersuche im Haushalt ab.

Vorsicht: Gerne werden Markknochen gegeben. Diese können jedoch gefährlich werden. Es gab Fälle, bei denen der Unterkiefer des Hundes im Knochen stecken blieb. Das Entfernen der Knochen ist sehr schwierig. Markknochen also bitte nur unter Aufsicht.

Vorsicht Gift!

Vorausschauend spazieren gehen ist die beste Prävention bei Hunden, die draußen als „Staubsauger" unterwegs sind. Das unerwünschte Aufsammeln von leckeren Fundstücken liegt vielen Hunden im Blut. Dies ist rasseunabhängig zu beobachten. Manche Hunde neigen jedoch mehr und manche weniger dazu.

In den letzten Jahren häufen sich leider Giftköderanschläge gegen Hunde. Die Palette reicht von mit Rattengift versetzten Hackfleischbällchen bis hin zu mit Nägeln gespickten Wurstteilen.

Die folgenden Schritte sind die Grundlage für das Training bei der Giftköderprävention. Elementar bei diesem Training ist eine sehr gute Beziehung zum Hund und großes Vertrauen des Hundes Ihnen gegenüber.

Diese Trainingsschritte werden bei mir **ausschließlich positiv** aufgebaut. Gerade bei der Problematik „Staubsauger" ist es absolut kontraproduktiv, mit Strafe oder Maßregelungen zu arbeiten. Sie bringen den Hund nur dazu, mit seinem Fundstück noch schneller zu verschwinden.

BITTE BEACHTEN

Wenn Sie auch nur ansatzweise den Verdacht haben, dass Ihr Hund einen vergifteten Köder aufgenommen hat, begeben Sie sich bitte **sofort** zu einem Tierarzt. Lesen Sie dazu im Kapitel „Giftköderprävention" weiter.

KURZ GEFASST

· ·

- Rassespezifische Eigenheiten beachten
- Aufräumen ist die einfachste Lösung
- Der Hund darf keinen Erfolg haben
- Vertrauen und Beziehung sind die wichtigste Grundlage

· ·

Erfolg verhindern – räumen Sie Fressbares so auf, dass Ihr Hund nicht drankommt. Er wird die ständige Suche bald unterlassen.

**TRAININGSSCHRITT 1, WOCHE 1 –
VERBOTSWORT AUFBAUEN**

Bauen Sie ein positiv belegtes Verbotswort auf. Der Hund soll lernen, Sie auf dieses Verbotswort zuverlässig anzusehen (siehe auch das Buch „Hundetraining ohne Worte", Kapitel „Blickkontakttraining"). Ich baue **alle** Verbots- und Abbruchwörter positiv auf.

Unser Verbotswort heißt „Nein". Anders als das gerne genommene „Aus" und „Pfui" kommt den meisten Menschen ein „Nein" schneller von den Lippen, da es im üblichen Sprachgebrauch etabliert ist. Es stört den Hund nicht, wenn sie „Nein" auch in anderen Situationen verwenden. Der Hund weiß sehr genau, ob er gemeint ist oder nicht.

Nehmen Sie ein Leckerchen in die Hand, zeigen Sie es Ihrem Hund und sagen Sie „Nein". Nun warten Sie, bis der Hund Blickkontakt mit Ihnen aufnimmt. Schaut Ihr Hund Sie an, darf er sich das Leckerchen aus Ihrer Hand nehmen. Falls Ihr Hund das Leckerchen ohne Erlaubnis nehmen möchte, schließen Sie die Hand zur Faust und sagen wieder „Nein".

Warten Sie auf jeden Fall auf den Blickkontakt. Haben Sie Geduld und lassen Sie Ihrem Hund genügend Zeit zu verstehen, dass er Sie sofort anschauen soll, wenn Sie „Nein" sagen.

Arbeiten Sie hier auf jeden Fall mit Futter. Es nutzt nichts, wenn der Hund seinen Ball auf „Nein" ignoriert, wenn das Ergebnis jedoch Futterignoranz sein soll.

**TRAININGSSCHRITT 2, WOCHE 2 –
BLICKKONTAKT VERFESTIGEN**

Ihr Hund schaut Sie nun zuverlässig an, wenn Sie das Leckerchen in der Hand halten, und nimmt es auch nur mit Ihrer Erlaubnis. Im zweiten Schritt liegt das Leckerchen auf dem Boden. Sagen Sie „Nein" und warten Sie auf den Blickkontakt. Legen Sie das Leckerchen so auf den Boden, dass Sie gegebenenfalls die Hand oder den Fuß darauflegen bzw. -stellen können.

Nimmt Ihr Hund Blickkontakt zu Ihnen auf, bekommt er ein Leckerchen aus Ihrer Hand.

Wichtig: Der Hund darf das Leckerchen am Boden nie bekommen! Die Belohnung für den Blickkontakt muss immer aus Ihrer Hand kommen. Der Hund soll ja lernen, Futter auf dem Boden liegen zu lassen.

**TRAININGSSCHRITT 3, WOCHE 3 –
REIZE ERHÖHEN**

Nun sind Sie und Ihr Hund so weit, dass er Sie immer zuverlässig ansieht, wenn ein Leckerchen auf dem Boden liegt.

Sie erhöhen nun den Reiz weiter, indem Sie das Leckerchen nun ein Stück wegwerfen. Sagen Sie schon, bevor Sie das Leckerchen werfen, „Nein". Das Verbotswort muss genannt werden, bevor der Hund etwas tun will. „Nein" ist ein Präventionswort und muss gesagt werden, bevor der Hund ein unerwünschtes Verhalten zeigt.

Ihr Hund darf dem Leckerchen kurz nachsehen, sollte dann aber sofort Blickkontakt mit Ihnen aufnehmen. Der Blickkontakt wird sofort belohnt.

Wichtig: Auch hier darf der Hund das geworfene Leckerchen nie erreichen.

Sind Sie sich nicht sicher, ob Ihr Hund schon so weit ist, arbeiten Sie bitte noch länger an Trainingsschritt 2.

Clooney hat durch Touch-
Training und Blickkontakttraining ein positiv
belegtes Verbotswort
erlernt.

Der Blickkontakt kommt
zuverlässig auf „Nein".

Auch bei leckeren Reizen
nimmt Clooney verlässlich
Blickkontakt auf.

BITTE BEACHTEN

Die Belohnung für das zuverlässige Befolgen des Verbotswortes kommt immer aus Ihrer Hand. Der Hund darf die Leckerchen, die auf dem Boden liegen, niemals erreichen. Jeder Erfolg, jede Selbstbelohnung bedeutet ein Rückschritt im Training. Arbeiten Sie also vor allem hier mit großer Geduld, in kleinen Schritten und geben Sie Ihrem Hund genügend Zeit.

KURZ GEFASST

· ·

- Verbotswort immer positiv aufbauen
- Der Hund wird immer aus Ihrer Hand belohnt
- Arbeiten Sie in kleinen Schritten
- Geben Sie Ihrem Hund genug Zeit zu verstehen, um was es geht

· ·

Homöopathische Lösungsvorschläge

ABIES NIGRA

Morgens herrscht Appetitmangel, da will der Hund nicht fressen, das große Verlangen kommt mittags oder abends. Nachdem er sein Futter gefressen hat, folgen Magenschmerzen. Man merkt es daran, dass der Hund aufgebuckelt geht. Es gluckert und poltert in seinem Bauch.

Er kann nicht schlafen, weil er ständig Hunger hat. Er will seine Futteransprüche nicht zurücknehmen und gibt dabei auch nicht auf. Auf dem Hundeplatz ist die Arbeit schwierig, da er nicht arbeiten will und kann.

ABROTANUM

Nach einem behandelten Wurmbefall nimmt man Abrotanum einerseits, um eine Regulierung der Magen-Darm-Flora herzustellen, andererseits, um den Appetit wieder zu normalisieren.

Meistens ist der Appetit gut, es kommt aber trotzdem zu Abmagerung. Der Hund hat geräuschvolle Verdauungsbeschwerden. Er ist schwach und matt, will sich auch nicht gerne bewegen. Man muss ihn zum Gassigehen wirklich überreden.

ALFALFA

Der Appetit kann beeinträchtigt sein, aber meistens ist er vermehrt bis zur absoluten Gefräßigkeit. Der Hund muss einfach fressen, er bettelt und kann auf keinen Fall auf seine normalen Futterzeiten warten. Er steht immer vor dem Leckerlischrank und muss dabei immer jammern. Er hat starke Blähungen mit aufgetriebenem Bauch und Schmerzen eher im Darmbereich.

Es ist ein sehr heiterer und lustiger Hund. Er schafft es, ein allgemeines Gefühl des Wohlseins zu verbreiten, was innerhalb eines Rudels sehr angenehm ist. Er kann jedoch auch mal schlechte Laune haben, aber dann eher am Abend (vielleicht war der Futtertag nicht so erfolgreich).

KURZ GEFASST

· ·

- Allesfresserei muss unbedingt abgeklärt werden
- Abies nigra, kann nicht schlafen wegen Hunger
- Abrotanum, Darmregulierung auch nach Wurmkuren
- Alfalfa, muss ständig um Futter betteln

· ·

CALCIUM CARBONICUM

Der Hund verspürt einen starken Hunger und hat kaum ein Sättigungsgefühl, auch nicht nach den Mahlzeiten. Häufiges Aufstoßen und Sodbrennen. Neigt zu Verstopfung, ohne Beschwerden zu haben. Er verträgt keine Milch. Es ist ein gutmütiger Hund und hat meistens Bindegewebsschwäche (Hängebauch). Das Bewegungsbedürfnis ist sehr gering und er hat auch keine Ausdauer.

CHINA OFFICINALIS

Hat ständig Hunger, aber ohne Appetit. Er leidet unter einer langsamen Verdauung. Neigt zu Schluckauf oder Aufstoßen. Der Bauch ist aufgetrieben und druckempfindlich.

Dieser Hund lässt niemals nach, auch wenn er sich total verausgabt. Lieber fällt er um, er überschreitet ständig seine Grenzen. Er ist auch unfolgsam und ungehorsam und hat oft richtig schlechte Laune. Also ein richtiger „Grantler".

FERRUM PHOSPHORICUM

Es gibt Phasen von Heißhunger und Appetitlosigkeit. Sehr empfindlicher Magen, begleitet mit Unverträglichkeiten von Milchprodukten und auch von Fleisch. Erbrechen von unverdaulichem Futter, teilweise sind Bestandteile von Blut im Erbrochenen.

Bellen ist seine Leidenschaft, es ist ein sehr lustiger Hund. Er fühlt sich vom Hundehalter bedrängt und ist nach jedem Widerspruch entmutigt. Er verliert dadurch sein Selbstbewusstsein. Gesellschaft von anderen Hunden will er nicht. Bei Raufereien von Hunden hat er Angst, sich in das Gedränge zu stürzen, er wird sich nicht beteiligen und eher Abstand halten.

GRAPHITES

Die krampfartigen Magenschmerzen werden durch Essen gebessert. Heißhunger und gieriger Appetit wechseln sich ab. Der Hund erbricht saure Flüssigkeiten und hat einen fauligen Mundgeruch. Hat übel riechende Winde, die abgehen. Man hört starke Bauchgeräusche.

Es ist ein gutmütiger, selten missmutiger Hund, Gemütlichkeit steht an erster Stelle. Er reagiert sehr empfindlich auf scharfe Ansprachen und fällt dann in ein Meideverhalten. Auf dem Hundeplatz ist er sehr konzentriert. Er hat aber keine große Lust auf Spiele.

IODUM

Auffällig ist hier der Heißhunger und das gierige Schlingen des Futters. Es ist mit viel Durst gekoppelt, der Hund trinkt nach dem Fressen sehr viel Wasser. Leider erbricht er oft nach dem gierigen Fressen und hat auch keine Hemmungen, das Erbrochene wieder zu sich zu nehmen.

Der Hund ist ängstlich und besorgt, aber nicht, wenn er frisst. Im Rudel macht er sich durch seine Nervosität oft unbeliebt, weil er allen auf die Nerven geht. Man muss als Hundehalter viel Geduld mitbringen, weil er so ein überschäumendes Temperament hat. Das muss man erst ein wenig in den Griff bekommen. Wenn man mit ihm arbeiten will, muss man ihn erst auspowern lassen, dann kann es mit dem Üben funktionieren.

SULFUR

Heißhunger im Wechsel mit Appetitlosigkeit. Der Hund trinkt sehr viel, aber über den ganzen Tag verteilt. Milch wird überhaupt nicht vertragen. Süßes wird absolut bevorzugt. Auffällig ist eine körperliche Schwäche um den Mittag herum, danach kann man mit dem Hund etwas unternehmen.

Er ist ehrgeizig und will sich nicht gerne unterordnen. Am besten kann man ihn mit Leckerlis erziehen, da er ja immer hungrig ist. Da er sehr reizbar und streitsüchtig ist, ist er besser als Einzelhund zu halten.

Es gibt aber auch noch eine andere Art von Sulfur-Hund. Dieser ist sehr freundlich und will mit allen gut auskommen. Er ist sehr träge und faul.

Alternativen zu Globuli

BACHBLÜTEN

Agrimony – wenn aus Frustration gefressen wird, z. B. bei Überforderung. **Nicht mit anderen Bachblüten mischen.**

Honeysuckle – können sich von der Vergangenheit nicht lösen. Haben Suchttendenzen, ausgelöst durch Orts- bzw. Besitzerwechsel.

SCHÜSSLER-SALZE

Kalium chloratum Nr. 4 – hilft bei Heißhungerattacken, wenn Flüssigkeitszufuhr die Fressgier lindert.

KURZ GEFASST

- Calcium carbonicum, der Hund hat kein Sättigungsgefühl
- China officinalis, hat Hunger, aber ohne Appetit
- Graphites, Heißhunger und gieriger Appetit
- Sulfur ist auch ein Ausleitungsmittel, um die Innenorgane zu reinigen

Giftköderprävention

Die Meldungen über ausgelegte Giftköder erlangten in den letzten Jahren einen traurigen Höhepunkt. Gefährdet sind jedoch nicht nur Hunde.

Selbst ohne böse Absicht gehen leider auch Hobbygärtner und Landwirte oft leichtsinnig mit diesen Giften um. So wurden in der Nähe von Kinderspielplätzen immer wieder Köder gefunden, die mit Rattengift präpariert waren. Ich selbst fand Rattengift offen ausgelegt neben einer Wiese. Es handelte sich um rosa Pulver in kleinen Beutelchen, das nach Himbeeren riecht – eine tödliche Gefahr für Kinder!

Giftköder werden u. a. von Mäusen aufgenommen. Wird diese Maus nun Opfer einer Katze, kommt es zu einer sogenannten Sekundärvergiftung. Gleiches gilt natürlich für die selten gewordenen Raubvögel, die vergiftete Mäuse fressen. Auch andere Wildtiere wie Füchse, Marder, Dachse und Raben fressen diese Köder und verenden daran.

Das beste Training ist vorbeugendes Training. Sie können bereits bei der Welpenerziehung einige Dinge beachten. Vermeiden Sie beim Welpentraining, den Hund mit Futter zu locken. Die leider noch immer weitverbreitete Methode, dem Hund ein Leckerchen vor die Nase zu halten, fördert nur die Konzentration auf Futter. Wie Sie Ihren Hund auf die leere Hand konditionieren können, lesen Sie im Buch „Hundetraining ohne Worte" (siehe S. 142).

Achten Sie schon bei Ihrem Welpen darauf, dass er nicht zu viel vom Boden aufsammelt. Auch das Spiel mit einem am Boden liegenden Gegenstand ist für den Hund selbstbelohnend.

LÖSUNGSANSATZ 1 – LEINE

Giftköder werden häufig an den gleichen Stellen ausgelegt. Stark betroffen sind beliebte Auslaufgebiete und Parks. Wissen Sie, an welchen Stellen sich die Meldungen häufen, halten Sie Ihren Hund an der Leine und bleiben Sie auf den Wegen oder gehen Sie andere Gassistrecken

LÖSUNGSANSATZ 2 – MAULKORB

Ein guter Schutz, wenn der Hund noch keine abgeschlossene Ausbildung hat, ist ein Maulkorb. Inzwischen gibt es leichte, für den Hund angenehm zu tragende Modelle.

Ein Maulkorb ersetzt jedoch das Training nicht.

Ziel sollte ein generalisiertes Verbotswort, zuverlässiger Blickkontakt und Ignoranz des Hundes gegenüber der Verleitung sein.

TRAININGSSCHRITT 1, WOCHE 1 – AUFBAU

Sie haben, wie im Kapitel „Unersättlicher Appetit" beschrieben, ein positiv belegtes Verbotswort aufgebaut. Ist ein Verbot positiv belegt, wird Ihr Hund dieses Kommando, etwas anderes ist dieses Verbotswort nicht, schneller und zuverlässiger ausführen.

Bitten Sie nun eine Hilfsperson, an ein bis zwei Ihnen bekannten Stellen Futter auszulegen. Trainieren Sie bitte noch nicht mit wirklich unwiderstehlichen Dingen wie Wurst oder Käse. Noch soll der Hund bei Ihnen den für ihn größten Erfolg haben.

Nun laufen Sie die noch kurze Strecke, an der die Köder liegen, mit Ihrem Hund ab. Da Sie wissen, wo die Köder liegen, können Sie mit dem Verbotswort präventiv eingreifen. Sobald Ihr Hund Blickkontakt zu Ihnen aufnimmt, bekommt er diesmal eine für ihn wirklich tolle Belohnung.

TRAININGSSCHRITT 2, WOCHE 2 – BLICKKONTAKT FESTIGEN

Reagiert Ihr Hund nun auch draußen zuverlässig auf das präventiv angewendete Verbotswort, bitten Sie die Hilfsperson, an ein bis zwei Stellen, die Sie diesmal **nicht** kennen, Futter auszulegen.

Ich gehe davon aus, dass Sie Ihren Hund gut kennen, seine Körpersprache verstehen und somit „lesen" können, wenn er etwas ganz besonders interessant findet.

Gehen Sie nun die noch kurze Strecke ab. Beobachten Sie Ihren Hund, und sobald Ihnen auffällt, dass er intensiver schnüffelt, setzen Sie das Verbotswort ein. Ihr Hund sollte nun so weit trainiert sein, dass er sofort Blickkontakt mit Ihnen aufnimmt.

TRAININGSSCHRITT 3, WOCHE 3 – ZIEL FAST ERREICHT

Ihre Hilfsperson legt nun an mehr Stellen als zuvor „Köder" für den Hund aus. Dabei kann es sich nun auch um verlockende Wurststücke oder leckeren Käse handeln. Darin sind die meisten Gifte versteckt.

Haben Sie immer ein Auge auf Ihren Hund, wenn Sie nun die Strecke ablaufen. Bei konsequentem Training müsste Ihr Hund nun so weit sein, dass er alles, was Sie verbieten, mit einem sofortigen Blickkontakt befolgt.

Ein Hund, der seinen Halter ansieht, hat keine Gelegenheit, sich um etwas anderes zu kümmern.

BITTE BEACHTEN

Beginnen Sie dieses Training erst, wenn Sie sich sicher sind, dass Ihr Hund das Verbotswort in Verbindung mit dem Blickkontakt verinnerlicht hat. Hat Ihr Hund draußen auch nur ein einziges Mal Erfolg, heißt es, das Trainingsprogramm von vorne zu beginnen.

KURZ GEFASST

· ·

- Gefahr für Mensch und Tier
- Leine und/oder Maulkorb vor Trainingsbeginn
- Arbeiten Sie in kleinen Schritten
- Verbotswort muss zuverlässig sitzen

· ·

KEINE HOMÖOPATHISCHE LÖSUNG

Zur Prophylaxe gibt es leider keine homöopathische Behandlung. Der Hund wird im Vorfeld mit den oben genannten Globuli eingestellt. Wenn der Hund gut erzogen wurde und seine Abbruchsignale kennt und befolgt, dann dürfte es auch kein Problem geben, einen Hund davon abzuhalten, unterwegs etwas zu fressen, das für ihn gefährlich werden könnte.

Fressen ungewöhnlicher Dinge

Es gibt Rassen, die eine erhöhte Disposition zeigen, ungewöhnliche Dinge zu verschlucken. Dies kann aber auch medizinische Gründe haben.

In der Humanpsychologie wird das Pica-Syndrom, auch Picazismus genannt, beschrieben. Daran erkrankte Menschen essen Dinge, die als ungenießbar oder ekelig gelten. Die Palette reicht von Sand, Kies, Erde, Lehm über Asche, Steine, Papier bis hin zu Staub, Müll und Exkrementen.

Psychische Auslöser können extreme Verwahrlosung, Vernachlässigung und Misshandlungen sein. Bei Hunden kommt auch eine sogenannte Übersprungshandlung infrage.

Auslöser für diese Fressstörung können aber auch medizinischer Art sein. Extremer Eisenmangel ist hier der häufigste Hintergrund.

Lösungsansätze bei psychischen Auslösern

LÖSUNGSANSATZ 1 – VERWAHRLOSUNG

Überwiegend betroffen sind Hunde aus sogenannten Tierhortungs-Fällen (engl. Animal Hoarding), die durch den Tierschutz an einen neuen Halter vermittelt werden. Grund ist die extreme Verwahrlosung durch eine Überforderung des bisherigen Besitzers.

Der erste Schritt einer Lösung kann ein Maulkorb sein, den der Hund in Extremfällen auch zu Hause tragen sollte. Ich kenne Hunde, die sich durch Mauern gefressen haben. Geben Sie ihrem Hund Sicherheit. Ich rate hier zu konsequenter Handfütterung über einen langen Zeitraum, bei der der Hund lernen soll, dass **nur** das, was aus Ihrer Hand kommt, fressbar ist.

LÖSUNGSANSATZ 2 – VERNACHLÄSSIGUNG

Juno war einer dieser Fälle. Jahrelange Zwingerhaltung verursachten große seelische Schäden. Als beste Lösung ist hier viel Beschäftigung angesagt. Mehrere kurze, über den Tag verteilte Übungseinheiten sollten schnell Erfolge bringen. Beobachten Sie Ihren Hund. Immer wenn er unruhig wird, legen Sie diese Beschäftigungseinheiten ein. Die Übungen sollten am Anfang nicht länger als 10 Minuten dauern. Vernachlässigte Hunde werden sehr schnell müde.

LÖSUNGSANSATZ 3 – MISSHANDLUNGEN

Mit misshandelten Hunden sollte man als erstes und wichtigstes Trainingselement an einer vertrauensvollen Basis arbeiten. Handfütterung baut Distanzen ab. Handtouch-Training stärkt das Selbstbewusstsein und das Vertrauen des Hundes.

Je nach Grad der Misshandlung kann das Training vor allem am Anfang sehr langwierig sein. Geben Sie dem Hund also genügend Zeit, Vertrauen zu Ihnen aufzubauen.

Lösungsansätze bei medizinischen Auslösern

Die Ernährung von Hunden hat sich in den letzten Jahren verstärkt zu einem eigenen „Wissenschaftszweig" entwickelt. Es gibt Trockenfütterer, Teil-Barfer und Barfer, sogar vegetarische und vegane Ernährungskonzepte werden ausprobiert.

Hunde vegetarisch oder vegan zu ernähren, halte ich für falsch. Auch wenn Hunde zu den sogenannten Omnivoren, also Allesfressern, gehören, sollte der Hauptbestandteil ihrer Ernährung schon aus tierischen Produkten bestehen.

LÖSUNGSANSATZ 1 – EISENMANGEL

Einen hohen Eisenanteil weisen z. B. Amarant, Hirse, Haferflocken und Nüsse auf. Bei Gemüse ganz vorne sind Topinambur (den meine Hunde lieben), Schwarzwurzel und Erbsen. Eine Kräutermischung aus Basilikum, Brennnesseln und Petersilie ist nicht nur gesund, sondern nimmt dem Hund auch den Mundgeruch.

Diese Zutaten stecken bereits in Fertigfutter und decken den Eisenbedarf des Hundes optimal ab. Barfer sollten diese Lebensmittel zufüttern.

Fleisch, außer Leber, enthält im Vergleich zu Obengenanntem relativ wenig Eisen. Bester tierischer Eisenlieferant ist Hühnereidotter.

LÖSUNGSANSATZ 2 – MINERALMANGEL

Bei komischem Appetit auf Steine, Kalk, Gips oder Metall kann ein Kalziummangel vorliegen. Kalzium ist wichtig für Knochen und Zähne. Geben Sie Milchprodukte zur Mahlzeit des Hunde. Achten Sie aber bitte auf Laktoseintoleranzen, nicht jeder Hund verträgt Milch, Joghurt und Co. Bei Laktoseintoleranz kann man Kalzium in Form von Grünkohl, Fenchel oder Brokkoli zufüttern. Bitte aber nur ein akzeptablen Mengen, die der Hund verträgt.

LÖSUNGSANSATZ 3 – VITAMINMANGEL

Jedes Säugetier, außer Menschen und Meerschweinchen, können Vitamin C selbst produzieren. Es ist also nicht nötig, dem Hund gezielt Vitamin C zuzufüttern.

In der Regel gibt es bei Hunden in der heutigen Zeit keinen eklatanten Vitaminmangel. Falls Mineralmangel vorliegt, z. B. wie oben erwähnt Kalzium, kann Vitamin D zugefüttert werden. Hier bieten sich ebenfalls Milchprodukte, Eigelb oder Fisch an.

BITTE BEACHTEN

Beachten Sie Intoleranzen und Allergien. Manche Hunde reagieren auf Milchprodukte mit Bauchschmerzen und Koliken. Auch manche Gemüsesorten werden von einigen Hunden nicht vertragen. Testen Sie individuell, was Ihr Hund verträgt.

KURZ GEFASST

· ·

- Gründe für die Fressstörung ergründen
- Gegebenenfalls die Ernährung umstellen
- Mangelerscheinungen beheben
- Rasse und angeborenes Verhalten beachten

· ·

Homöopathische Lösungsvorschläge

CALCIUM CARBONICUM

Kalk oder Zement frisst er sehr gern. Man kennt das, wenn der Hund den Putz von der Wand kratzt, bis Löcher entstehen. Es kann auch zu einem richtigem Heißhunger auf Kartoffeln kommen.

Der Hund ist sehr pflegeleicht, bequem und empfindlich. Veränderungen mag er nicht. Er will sich nicht anstrengen und will auch auf dem Hundeplatz nicht arbeiten.

Auffällig ist, dass sein Schlafplatz immer wie eine Höhle sein soll, es darf ihn aber nicht erdrücken. So ein Schlafplatz gibt dem Hund Sicherheit. Für Auslandshunde, die Heimweh haben und sich hier schlecht anpassen können.

CALCIUM PHOSPHORICUM

Gier nach Holz. Daraus folgt oft ein Fressen von Papier und Papiertaschentüchern. Es ist ein sehr sensibler und freundlicher Hund. Aber es scheint oft, dass er unzufrieden ist, da man ihm nichts recht machen kann. Er wirkt auch oft überfordert. Beim Training hat er Probleme, sich zu konzentrieren. Dieser Hund fordert auch ständig die Aufmerksamkeit seines Besitzers ein.

CARBO VEGETABILIS

Es wird jeder Kot und auch Holzkohle gefressen. Dieser Hund ist geprägt von Gleichgültigkeit und Apathie, großer Erschöpfung und Schwäche. Es ist ein sehr fauler Hund, man kann ihn ganz schlecht motivieren. Gegenüber der Familie ist er oft gereizt und unhöflich. Er ist schreckhaft und zuckt zusammen, obwohl man selbst nichts gehört hat.

FERRUM METALLICUM

Hier ist es das Fressen von Erde. Der Hund fühlt sich oft bedrängt und Widerspruch entmutigt ihn. Auf dem Hundeplatz kann er die Aufgaben oft nicht erfüllen, weil er meint, dass diese Aufgaben für ihn unerfüllbar sind.

TARANTULA

Dieser Hund hat eine Lust auf Sand. Schwankt zwischen Aggression und Selbstzerstörung. Die kleinste Aufregung reizt ihn, währenddessen vergisst er seine Beschwerden. Will dann von niemanden angefasst werden, auch nicht vom Besitzer. Rennt unruhig hin und her. Ansonsten ist es ein sehr fleißiger Hund und er hat eine sehr hohe Energie.

Nahrungsergänzung als Alternative

SÄURE-BASEN-HAUSHALT

Bei einer Störung des Säure-Basen-Haushalts kann man Karotten, Fenchel oder Äpfel mit ins Futter geben.

Frisches Gemüse und Obst bereichern das Hundefutter und sind sehr gesund.

Karotten enthalten Eisen, B-Vitamine, Folsäure, Magnesium, Kalzium, Phosphor und Pektine.

Fenchel ist mit Mineralstoffen angereichert. Er beinhaltet Eisen, Magnesium, Kalium und Kalzium. Es sind auch große Mengen an Beta-Karotin, Vitamin C, Vitamin E und Folsäure enthalten. Fenchel kann püriert und dem Futter beigemengt werden.

Bitte einen Schuss Öl mit ins Futter geben, denn dann werden die Vitamine erst richtig aufgeschlossen. Die Menge bitte dem Geschmack des Hundes anpassen.

Äpfel sind ebenfalls für den Hund unbedenklich, sie sind gesund und machen auch noch satt. Sie enthalten sehr viel Pektin, was den Säuregehalt im Körper neutralisiert. Pektine quellen im Darm auf und schützen so die Magen- und Darmschleimhaut. Es werden auch die Schlacken gebunden und Gifte aus dem Dünn- und Dickdarm ausgeschieden. Äpfel können gerieben und über das Futter gegeben werden. Wenn Ihr Hund den Apfel im Ganzen essen will, dann ist es auch in Ordnung.

HEILERDE

Ich gebe den Hunden, auch meinen eigenen, immer ganz gerne Heilerde mit ins Futter. Heilerde enthält Silizium, Eisen, Kalzium, Kalium, Kieselsäure, Natrium, Magnesium und Lithium. Eine kleine Messerspitze davon in das Futter geben. Falls der Hund eine Verstopfung bekommt, sollte man mit der Gabe ein paar Tage pausieren.

KURZ GEFASST

- Calcium carbonicum, Fressen von Kalk und Zement
- Calcium phosphoricum, Fressen von Holz, Papier, Papiertaschentücher
- Carbo vegetabilis, Fressen von Kot
- Ferrum metallicum, Fressen von Erde

NATRON

Natron ist mild alkalisch. Es bindet und neutralisiert alle Säuren. Diese werden dann in neutrale Salze und Kohlensäure umgewandelt. Aufgrund dieser Wirkung ist es ein bewährtes Therapeutikum bei Erkrankungen dieser Art. Wenn ein Hund einen schlechten Säure-Basen-Haushalt hat, kann dieses basische Natron verabreicht werden, um überschüssige Säuren zu neutralisieren. Somit lässt auch das Sodbrennen nach. Am besten, man löst 1 Messerspitze Natron in einem halben Glas warmem Wasser auf.

TIPP AUS DER PRAXIS

Wenn der Hund den Kalk von den Wänden frisst oder ständig daran leckt, gibt man ihm Kalktabletten.

Aber Vorsicht: Zu viele Kalktabletten können sich auch sehr negativ auf den Körper auswirken! Also bitte erst einmal eine Kalktablette geben und das Verhalten des Hundes beobachten. Wenn er wieder die Wände bearbeitet, bekommt er die nächste Tablette. Dann erstmal wieder abwarten. Sobald das Verhalten aufhört, beendet man unverzüglich die Tablettengabe.

AUTOAGGRESSION, SELBSTVERLETZUNG UND DEPRESSION

Zwangsstörungen bei Hunden

Psychische und seelische Befindlichkeiten sind beim Hund gar nicht so unterschiedlich zu denen bei Menschen. Die Symptome können sich häufig sehr ähneln

Einige werden nun sagen: Selbstverletzung und Autoaggression ist doch dasselbe. Es gibt jedoch schon Unterschiede dieser beiden Diagnosen.

Selbstverletzung – häufig ist ein Einfluss von außen der Auslöser, wie z. B. Insektenstiche, Zeckenbiss, kleine Verletzungen, rissige Haut usw.

Autoaggression – der Auslöser ist häufig nicht greifbar. Diese eher psychischen Auslöser, wie rassespezifische oder hormonelle Disharmonie, sind schwerer zu diagnostizieren, da sie häufig nicht erkannt werden.

Zwangsstörungen bei Hunden sind noch wenig erforscht. Selbstverletzung und Autoaggression sieht man oft bei Tieren, die in enger, reizarmer Umgebung gehalten werden. Am bekanntesten dürfte das von Elefanten und Pferden gezeigte Weben (eine pendelnde Bewegung des Kopf-Hals-Bereichs) sein. In schweren Fällen kann die Zwangsstörung so weit gehen, dass die Tiere ihren Kopf gegen Zäune und Tore schlagen, bis sie offene Stellen aufweisen.

Alle eigentlich natürlichen Verhaltensweisen, wie Nahrungsaufnahme, Schlaf, soziale Kontakte, treten hinter dem Zwang zurück. Der Hund kann an nichts anderes mehr denken.

Psychologische Ursachen

ANGEBORENE VERHALTENSWEISEN KÖNNEN NICHT AUSGELEBT WERDEN

Meist beginnt die Krankheitsspirale mit sogenannten Übersprungshandlungen. Vor allem die „Spezialisten", wie Hütehunde und Jagdhunde, sind betroffen.

Die Hunde fangen an, sich selbst zu hüten oder zu jagen. Dies kann sich im Jagen der eigenen Rute und dem Beißen der Pfoten äußern. Die Hunde drehen sich immer wieder um sich selbst, um ihre Rute zu fangen, oder greifen ihre eigenen Pfoten an, wenn diese sich bewegen.

HORMONELLE DISHARMONIE

Diese kann bei beiden Geschlechtern während der Pubertät auftreten:
> bei Hündinnen während und nach der Läufigkeit und in der Menopause,
> bei Rüden, wenn sehr viele läufige Hündinnen in der Gegend leben.

Ständiges Aufreiten auf alles, was ihnen unter die Nase kommt, ist bei Rüden das häufigste Problem. Dies kann bis hin zum Wundscheuern des Bauches eskalieren.

Bei Hündinnen kann es in extremen Fällen zu ständigem Nestbauen, Hege- und Pflegetrieb bis hin zu Selbstverletzungen an der Milchleiste gehen.

Hormonelle Disharmonien werden oft gar nicht oder zu spät erkannt.

TRAUMATISCHE ERLEBNISSE

Hier denkt man zuerst an Misshandlungen körperlicher Art wie Schläge, Tritte oder Missbrauch. Neben reizarmer Haltung oder Isolation kann auch ein häufiger Besitzerwechsel eine traumatisierende Wirkung auf den Hund haben.

Einsamkeit und Verlustängste können bei Hunden als hoch sozialen Wesen zu schwerwiegenden seelischen Schäden führen.

Körperliche Ursachen

Nicht nur psychische Ursachen können zu selbstverletzendem Verhalten führen, auch genetische Dispositionen sollten beachtet und als eventueller Auslöser erkannt werden.

GENDEFEKTE IN DER FELLFARBEN-VERERBUNG

Hunde, die das Merle-Gen in sich tragen, neigen zu Hautproblemen und Allergien. Insektenstiche und Zeckenbisse schwellen ungewöhnlich groß an, sind rot und heiß. Der Hund leckt und knabbert sich wund und leidet sichtlich unter extremem Juckreiz.

Krallen und Fußballen sind über die Maßen brüchig und rau. Der Hund lahmt, möchte nicht auf Kies- oder Waldboden laufen oder knabbert ständig an Ballen und Krallen.

DEFEKTE IM BEWEGUNGSAPPARAT ODER SKELETTALE MISSBILDUNGEN

Ellenbogendysplasie (ED), Hüftdysplasie (HD) und Patellaluxation zählen zu den häufigsten vererbten Schäden des Bewegungsapparates. Hunde neigen dazu, schmerzende Stellen ausdauernd zu belecken oder zu beknabbern. Offene Ellenbogen und Knie können die Folgen sein.

Beim Chihuahua gibt es eine ererbte offene Fontanelle, das heißt, die Schädeldecke schließt sich nicht komplett. Dies bedeutet, dass das Gehirn teilweise nicht geschützt ist. Die Folgen können von ständigen Kopfschmerzen, Schmerzen bei Berührung bis zum Tod des Hundes bei einem versehentlichen Schlag auf den Kopf reichen. Die Hunde sind nervös, drehen sich häufig im Kreis oder zeigen Übersprungshandlungen wie extremes Belecken anderer Körperteile, um den Kopfschmerz zu überdecken.

Von der Syringomyelie sind häufig Cavalier King Charles Spaniels betroffen. Bei dieser Erbkrankheit ist der Hinterhauptknochen zu klein, sodass nicht genug Raum für Gehirn und Gehirnflüssigkeit bleibt. Die Flüssigkeit wird in den Wirbelsäulengang gedrängt und verursacht einen Phantomjuckreiz. Die betroffenen Hund kratzen sich wund, der ständige Juckreiz verursacht psychische Schäden, die zu weiteren selbstverletzenden Handlungen führen können.

BITTE BEACHTEN

Warten Sie bitte keinesfalls zu lange mit einem Gang zum Tierarzt. Nur wenn eine Diagnose vorliegt, kann dem Hund schnell und effektiv geholfen werden.

KURZ GEFASST

....

- Selbstverletzung und Autoaggression definieren
- Zwangsstörungen definieren
- Körperliche Ursachen mit einbeziehen
- Rassezugehörigkeit beachten

....

Autoaggression und Selbstverletzung aus der Sicht des Tierheilpraktikers

**BEISPIEL AUS DER PRAXIS:
CORONA, 9 JAHRE, ALTDEUTSCHE
SCHÄFERHÜNDIN**

Sie zog bei uns mit elf Wochen ein. Zu diesem Zeitpunkt waren in unserer Familie noch eine Altdeutsche Schäferhündin und ein Tricolor-Collie-Rüde. Anfangs war auch alles in Ordnung. Nach etwa einem Jahr fing Corona mit einem Leckekzem am Rücken an. Sie hat es sich ständig aufgebissen und es eiterte, nässte und roch sehr unangenehm. Mit der Zeit waren große Flächen des Rückens offen, was sie auch sehr schmerzte und sie dadurch sehr unruhig wurde. Nachdem die schulmedizinischen Ursachen ausgeschlossen waren und es kein Erkrankung war, versuchte ich es am Anfang mit homöopathischen Salben und mit Teeaufgüssen. Aber kein durchschlagender Erfolg.

Irgendwie hatte ich das Gefühl, sie fühlt sich nicht richtig beachtet, obwohl wir alle Hunde gleich behandelten. Als ich die Geschichte von Corona von Anfang an überdachte, fiel mir ein, das sie aus einem Wurf mit acht Geschwistern gekommen ist. Meine Hündin wurde bei der Geburt nicht im Bauchraum der Mutter bemerkt und konnte nicht geboren werden, denn die Mutter war von den vorherigen Welpen

Corona leckte sich die betroffenen Stellen oft blutig.

geschwächt. Es dauerte sehr lange. Ihre Nachzüglergeburt war eine große Überraschung für die Züchterin. Wir sehen, dass sie diese Erfahrung immer noch verfolgt, obwohl sie bei uns ganz bestimmt beachtet und geliebt wird. Das verdeutlicht auch, dass die Problematik manchmal ganz weit zurückgeht.

Es folgte eine Gabe von Graphites C30. Bei Graphites ist das „Ich werde nicht beachtet"-Gefühl sehr ausschlaggebend. Eine Woche wurden jeden Tag 5 Globuli verabreicht. Außerdem klebte ich, nachdem ich den Rücken mit Gänseblümchentee gereinigt hatte, 5–7 Globuli auf die erkrankten Hautstellen. Die Globuli haften gut durch die Feuchte des Tees und der Wunde. Somit hatte ich eine Wirkung nicht nur über die Innenorgane, sondern auch eine äußerliche Wirkung. Es stellte sich innerhalb weniger Tage eine sichtliche Besserung ein. Die nässenden Stellen trockneten ab und verheilten. Es wurde für sie ein spezielles Training zusammengestellt.

Wenn man über Graphites nachliest, wird immer behauptet, der Hund sei fett, faul und gefräßig. Meine Hündin ist schlank und sportlich. Für mich heißt das, dass man nicht immer die körperlichen Merkmale beachten sollte, sondern der seelische Aspekt wesentlich wichtiger ist und man dabei einen wesentlich besseren Erfolg erzielt.

MEDIZINISCHE URSACHEN

Schilddrüsenerkrankungen treten in den letzten Jahren immer häufiger auf. Dadurch kommt es oft zu autoaggressivem Verhalten. Der Hund knabbert, leckt oder kratzt sich blutig.

Schmerzen, die ein Hund z. B. nicht mehr richtig zuordnen kann, können zur Selbstverletzung führen.

Tumore, Geschwüre, Krebs sind manchmal an Stellen, die stören bzw. Schmerzen verursachen. Der Hund will sie wegbeißen.

Dopaminmangel kann dieses Verhalten auslösen. Dopamin gilt im Volksmund als Glückshormon. Wenn ein Mangel besteht, ist die Lebensfreude reduziert. Der Hund hat wenig positive Emotionen.

Die medizinischen Ursachen gehören vor einer Behandlung von einem Fachmann abgeklärt!

Autoaggressives Verhalten

Hunde leiden in der Regel still. Autoaggressives Verhalten wird oft erst erkannt, wenn es sich schon zu einer Psychose entwickelt hat, die sehr schwer zu behandeln ist.

Häufig wird bei autoaggressivem Verhalten zu spät eingegriffen oder die Handlungsweise als „amüsant" gesehen. Ständiges Im-Kreis-Drehen, Bisse in Rute oder Pfoten oder abgeknabberte Brustwarzen können die schwerwiegenden Folgen sein. Erst wenn der Hund schwere Verletzungen aufweist, wird ein Fachmann hinzugezogen.

Ein „klassisches" Training bringt hier in der Regel wenig Erfolge. Vorab sollte dem Hund der psychische Druck genommen werden.

LÖSUNGSANSATZ 1 –
PROBLEME BEI ANGEBORENEM
VERHALTEN

Hütespezialisten wie Border Collie, Australian Shepherd oder Cattledog sollte die Möglichkeit zum Hüten oder Treiben geboten werden. Jagdspezialisten wie Beagle, Münsterländer und Weimaraner sollte man die Möglichkeit zum Suchen und Spuren geben.

Informieren Sie sich darüber bei Vereinen, Hundesportplätzen oder anderen Hundehaltern, die mit ihren Hunden schon aktiv sind.

LÖSUNGSANSATZ 2 –
HORMONELLE DISHARMONIEN
AUFLÖSEN

Auch wenn es schwer fällt, denken Sie bitte über eine Kastration nach.

Ein häufiges Gegenargument zur Kastration ist der angebliche Eingriff in die „Natur". Es ist aber ein größerer Eingriff in die Natur, wenn ein Hund „will", aber nicht „darf". Der Hund versteht nicht warum und wird mit seinem Trieb völlig alleine gelassen. Der Stress, den der Hund damit hat, wird immer wieder maßlos unterschätzt.

LÖSUNGSANSATZ 3 –
TRAUMATISCHE ERLEBNISSE

Je nach Ausprägung des Traumatisierungszustandes sollten Sie dem Hund vorab Ruhe gönnen. Bieten Sie ihm eine Box an, in die er sich zurückziehen kann. Schaffen Sie einen regelmäßigen und routinierten Tagesablauf. Verhalten Sie sich für den Hund einschätzbar und berechenbar.

Ähnlich wie beim Thema Angst ist hier oberstes Gebot: Da muss der **nicht** durch! Weigert sich der Hund, etwas zu tun, zwingen Sie ihn nicht dazu. Vertrauensaufbau und Beziehungsaufbau sollten an erster Stelle stehen.

TRAININGSSCHRITT 1, WOCHE 1 –
ANGEBORENES VERHALTEN ZULASSEN

Inzwischen gibt es Trainer und Schäfer, die mit ausgewählten Schafen Kurse anbieten. Führen Sie Ihren Hütehund langsam an die neue Aufgabe heran.

Auch ihr Jagdhund muss langsam an Dummy-Arbeit, Zielobjektsuche, Mantrailing oder Rettungshundearbeit herangeführt werden. Der „Job" ist ihm zwar angeboren, er durfte diesen aber bisher ja nicht in gelenkten Bahnen folgen.

Führen Sie zu Hause nun Ruhezeiten in regelmäßigen Abständen ein. Unterbrechen Sie autoaggressive Handlungen sofort im Ansatz. Bieten Sie dem Hund eine Ersatzhandlung an. Dies kann ein besonders tolles Kauteilchen sein oder ein einfacher großer Karton, den der Hund zerfetzen darf.

TRAININGSSCHRITT 2, WOCHE 2 –
ABWECHSLUNGSREICH BESCHÄFTIGEN

Haben Sie keine Möglichkeit, mit Ihrem Hund einer Hütetätigkeit nachzugehen, versuchen Sie es mit Hundesportarten wie Dogdancing, Trickdogging und anspruchsvollen Intelligenzspielen (wie im Buch „Mein Einstein auf vier Pfoten").

Hütehunde wollen mit ihrem Halter zusammenarbeiten. Sie sind dafür geboren. Wird diesen Hunden diese Möglichkeit nicht gegeben, suchen sie sich ganz gezielt selbst eine Aufgabe.

Unterbrechen Sie die Selbstverletzung schon im Ansatz, so vermeiden Sie offene Hautstellen.

Haben Sie keine Gelegenheit, mit Ihrem Jagdhund in einem Hundesportverein zu trainieren, versuchen Sie es mit Sportarten wie z. B. ZOS (Zielobjektsuche). Die Kenntnisse dazu kann man sich sehr leicht selbst aneignen und mit ein bisschen Kreativität auf die individuellen Gegebenheiten und den Hund zuschneiden.

BITTE BEACHTEN

Definieren Sie sehr genau den Auslöser des autoaggressiven Verhaltens. Liegt eine genetische Disposition vor, wird es wenig nutzen, wenn Sie Ihrem Hund Aufgaben geben. Klären Sie die medizinischen Aspekte mit Ihrem Tierarzt ab.

Homöopathische Lösungsvorschläge

ANACARDIUM ORIENTALE

Man hat das Gefühl, dass man diesem Hund jeden Tag alles wieder neu lehren muss. Was ist „Sitz", „Platz" oder „Bleib"? Irgendwie vergisst er es von einem Tag auf den anderen. Es ist ansonsten ein braver Hund. Selbstvertrauen hat er keines, was mit falscher und zu strenger Erziehung immer schlimmer wird. In dieser Situation wird er fahrig und nervös. Dann kann er auch böse und gewalttätig werden, er wird dann stur und zieht sich in sich zurück.

Wenn man ihn überfordert, muss er an die frische Luft, um Dampf abzulassen, denn Bewegung hilft ihm, wieder ausgeglichen zu werden.

ARSENICUM ALBUM

Der Hund wird von Unruhe getrieben und meint, er sei ständig auf der Flucht. Für Dunkelheit ist er sehr anfällig, denn er fürchtet diese. Er fühlt sich schwach und wehrlos, benötigt deshalb seinen Besitzer, der dann in seiner Nähe sein muss. Aber er traut seinem Besitzer auch nicht so ganz. Jedoch hat er Angst, dass der Besitzer ihn verlassen könnte, und macht daher alles, damit er ihn nicht vergrault. Beim Lernen arbeitet er sehr gewissenhaft. Er ist auch sehr pedantisch, es muss alles an seinem Platz sein, denn er liebt Ordnung. Wenn er der Meinung ist, sein Körbchen und seine Decke sind nicht in Ordnung, bringt er es in Ordnung.

Auffällig ist, dass er sein Wasser oft in kleinen Mengen trinkt, aber dafür sehr häufig.

BELLADONNA

Es ist ein sehr lustiger Hund, aber auch sehr leicht erregbar. Er hat viele eigene Ideen, was den Hundehalter oft erstaunt. Es steckt eine enorme Vitalität in ihm und er ist ausgesprochen lebhaft. Plötzlich wird er wahnsinnig vor Angst, bekommt Tobsuchtsanfälle und dabei wütet, reißt und beißt er. Wenn er zu flüchten anfängt, weil er keinen Ausweg findet, dann rennt er ziellos und gefährdet sich und andere. Ermahnungen erträgt er gar nicht gut, im Gegenteil, es verschlimmert noch alles.

HEPAR SULFURIS

Der Hund ist reizbar, unzufrieden mit sich und anderen. Er ist der Meinung, dass sein Hundehalter, der ihm helfen will, ihn nur schlecht behandelt und demütigt. Auf äußere Impulse und bestimmte Situationen reagiert er heftig und ist sehr schnell irritiert.

HYOSCYAMUS NIGER

Es ist ein sehr argwöhnischer und eifersüchtiger Hund. Angst, Panik und Zerstörungswut wird ausgelöst, weil er sich von seiner Familie plötzlich im Stich gelassen fühlt. Er ist in dieser Situation auch sehr unruhig und läuft ständig hin und her. Der geringste Widerspruch vom Hundebesitzer erregt ihn, aber diese Erregung lässt auch schnell wieder nach. In kritischen Situationen verliert er Urin und Kot. Er kann auch in ein hysterisches Bellen verfallen, für das es keinen Grund gibt. Wenn man ihn bedrängt, beißt er, wird gewalttätig und der Zorn treibt ihn erst richtig zur Gewalt. Er kommt mit sich selbst nicht zurecht.

KURZ GEFASST

· ·

- Arsenicum album, wird von Unruhe getrieben
- Belladonna, das Hauptkriterium ist die Plötzlichkeit
- Hepar sulfuris, ist reizbar
- Hyoscyamus, fühlt sich im Stich gelassen

· ·

IGNATIA

Ständige wechselnde Stimmungen des Hundes und sein ewiges Winseln quälen oft den Hundehalter. Der Hund sucht auch immer jemanden, an den er sich klammern kann.

Er ist voller widersprüchlicher Stimmungen, denn Kummer, Zorn und Enttäuschung verschmelzen zu einer inneren Anspannung, die sich entladen kann. Durch die Trennung von seiner geliebten Bezugsperson (oder einem Rudelmitglied) entsteht eine Trauer. Er ist sehr eifersüchtig und in seiner Panik unruhig, kann nicht liegen bleiben und ist ständig in Bewegung bis zur totalen Erschöpfung. Auch dann will er sich nicht hinlegen.

Der Ignatia-Hund ist sehr emotional. Es ist ein nervöser Hund und mit einer leicht erregbaren Natur.

Auf dem Hundeplatz hat er eine sehr rasche Auffassungsgabe und lernt sehr schnell. Er setzt das Gelernte auch schnell um.

NATRIUM CHLORATUM

Die gesamten Erkrankungen haben eine psychische Ursache, z. B. Kummer.

Er ist sensibel, mitfühlend und launisch, seine Gefühle sind verschlossen. Deshalb benötigt er erst recht einen strukturierten Tag.

Als Angst vor verletzten Gefühlen zieht er sich vollkommen zurück und wird unnahbar, will dann auch nicht getröstet werden. Hat das Gefühl, dass der Besitzer ihn im Stich gelassen hat.

Der Hund ist vollkommen unsicher und hat Angst vor dem Alleinsein.

NUX VOMICA

Übermütiger nervöser Hund. Er bekommt Durchfall, der meistens durch Angst oder Nervosität ausgelöst wurde. Der Alltag wird durch Hektik bestimmt und dadurch lebt er in einer Dauergereiztheit. Perfektionismus prägt diesen Hund, er ist eifrig, ehrgeizig, eifersüchtig und ungeduldig. Er kann böse werden und lässt seinem Zorn auch freien Lauf. Beim Arbeiten ist er perfekt, er löst seine Aufgabe mit allen ihm zur Verfügung stehenden Mitteln. Geräusche können Autoaggression auslösen und er will dann nicht berührt werden.

STAPHISAGRIA

Staphisagria gibt man, wenn die Nervosität von Stress und Kummer ausgelöst wurde. Dieser Hund ist krankhaft empfindlich. Diese Empfindlichkeit ist sehr tief greifend und auch sehr ausdauernd. Er ist sehr nachtragend. Fehler des Besitzers im Umgang mit ihm werden dauerhaft übel genommen. Es dauert lange, den Hund vom Gegenteil zu überzeugen. Man könnte glauben, dass der Hund eine übersteigere Vorstellung von seiner Ehre und Würde hat. Über ihn lachen, wenn er sich mal dümmlich verhält, bringt ihn aus der Fassung. Wenn das Verletzen der Ehre und Würde nicht aufhört, wird es dem Hund zu viel und er verliert die Beherrschung. Wenn das passiert, kommt sein unterdrückter Zorn zum Vorschein.

TUBERCULINUM-NOSODE

Hektische und intensive Beschäftigung ist genau seine Art. Dabei hasst er Enge (z. B. ein zu enges Halsband oder Geschirr) und lässt sich nicht in die Monotonie des Alltages einbinden. Dieser Hund will viel unternehmen, am besten richtig langes Gassigehen, das spannend und abwechslungsreich ist. Die ganzen Unternehmungen sind geprägt durch Wagemut, Kühnheit und Risikobereitschaft. Benötigt einen ständigen Tageswechsel. Er braucht Action, Action, Action. Interessanterweise ist er zwischendurch aber wirklich auch mal müde.

Alternativen zu Globuli

BACHBLÜTEN

Beech – nimmt man bei Autoaggressionen, z. B. Fellbeißen und -reißen.

Cherry Plum – nimmt man, wenn er auch noch dazu sehr hyperaktiv ist.

Holly – der Hund reagiert gefühlsmäßig und ist irritiert durch Eifersucht, Hass, Misstrauen und Neid.

Star of Bethlehem – wird bei Hunden angewandt, die sich in dunklen Ecken verstecken und wenn die Symptome Folgen von Schock sind.

Vine – ist für ehrgeizige und dominante Hunde, die ihre Artgenossen tyrannisieren wollen. Er will immer seinen Willen durchsetzen, egal wie.

SCHÜSSLER-SALZE

Natrium phosphoricum Nr. 9 – will keinen an sich heranlassen. Es nützen keine gut gemeinten Hilfen, da er sie nicht annehmen will. Er fühlt sich verletzt und am Ende in seiner Haltung bestätigt.

KURZ GEFASST

· ·

- Ignatia, bei wechselnden Stimmungen
- Natrium chloratum, die Ursachen sind psychischer Art
- Nux vomica, Geräusche können Autoaggression auslösen
- Staphisagria, über diesen Hund darf man nicht lachen

· ·

Selbstverletzung

Im Unterschied zur Autoaggression kommt ein Auslöser von selbstverletzendem Verhalten häufig von außen und/oder gründet in einem ererbten Gendefekt. Psychische Auslöser spielen hier häufig keine oder nur eine untergeordnete Rolle.

Versuchen Sie zusammen mit Ihrem Tierarzt oder Tierheilpraktiker den exakten Hintergrund der selbstverletzenden Handlung zu finden.

LÖSUNGSANSATZ 1 – HAUTPROBLEME NACH INSEKTENSTICHEN

Die Erstversorgung geschieht in der Regel mit Apis (siehe Homöopathische Lösungsvorschläge) und einem kühlenden Gel. Ein Sportkühl-Pack oder in ein Handtuch eingewickelte Eiswürfel können auch Linderung verschaffen.

Verwenden Sie keine Chemie zur Ungezieferabwehr. Chemische Substanzen, die in hoher Dosierung in allen Spot-on-Präparaten als Wirkstoffe eingesetzt werden, können Hautprobleme um ein Vielfaches erhöhen.

Geben Sie stattdessen alternative pflanzliche Mittel wie z. B. Schwarzkümmelöl, Kokosnussöl oder die individuell zu Ihrem Hund passenden Globuli.

LÖSUNGSANSATZ 2 – HAUTPROBLEME BEI ANGEBORENEM GENDEFEKT

Es gibt, je nach Rasse, die unterschiedlichsten Bezeichnungen für defekt vererbte Farbgene. Beim Collie und Sheltie heißt es merle, der Weimaraner ist silber, die Dogge blau, beim Border Collie nennt sich der Defekt dilute. All dies heißt schlicht und einfach „verdünnt", sprich: Das Gen für die schwarze Fellfarbe wird defekt, das heißt nicht vollständig vererbt, wodurch es eine Aufhellung gibt, die grau, silber oder blau schimmert.

Hunde mit diesen Fellfarben neigen zu Haarausfall, Hautirritationen, schlechter Heilung kleiner Wunden, lang andauernder Rekonvaleszenz nach Behandlungen. Starker Juckreiz kann diese Hunde in schwere selbstverletzende Handlungen treiben.

Berücksichtigen Sie Allergien und eventuell vorhandene Laktose- und Fruktoseintoleranzen. Allergien und Intoleranzen können nicht nur auf die Haut negative Auswirkungen haben, sondern auch auf den Verdauungstrakt.

LÖSUNGSANSATZ 3 – PROBLEME SKELETTALER ART UND IM BEWEGUNGSAPPARAT

Ellenbogendysplasie (ED), Hüftdysplasie (HD) und Patellaluxation können operativ behoben werden. In der Rekonvaleszenz sollte konsequent an einem guten Muskelaufbau gearbeitet werden.

Schonen Sie den Hund bitte keinesfalls zu viel. Häufig wird dem Hund aus falsch verstandenem Mitleid zu viel geholfen. Reduzieren Sie einfach Ihr Tempo, passen Sie sich an das Tempo des Hundes an. Selbstverständlich sollte der Hund auch nicht überfordert werden. Zu viel Ruhe schadet aber meist mehr, als sie nutzt.

Bei weiteren skelettalen Missbildungen sollten Sie eine entsprechende Therapie mit einem Fachmann besprechen.

TRAININGSSCHRITT 1, WOCHE 1 – SELBSTVERLETZUNG ABBRECHEN

Im ersten Schritt müssen vorhandene Verletzungen so verbunden werden, dass der Hund nicht mehr daran lecken oder knabbern kann. Dazu kann sogar ein Halskragen oder Maulkorb nötig werden. Sie kennen das sicher von sich selbst, je mehr Sie am Mückenstich kratzen, desto mehr juckt und schmerzt es.

Beobachten Sie Ihren Hund gut und brechen Sie selbstverletzendes Verhalten sofort ab. Lenken Sie Ihren Hund mit Aufgaben ab, z. B. einfache, konzentrierte Unterordnungsarbeit, Tricks, Dogdancing, Intelligenz- oder Suchspiele.

TRAININGSSCHRITT 2, WOCHE 2 – ROUTINEN AUFBAUEN

Verlängern Sie nun langsam die Zeiten, in denen der Hund keinen Verband, Halskragen oder Maulkorb trägt.

Bauen Sie in den Tagesablauf regelmäßige Trainingseinheiten ein. „Ich habe keine Zeit" darf keine Ausrede sein, 10–15 Minuten hat man immer. Ich mache z. B. in der Küche, während die Nudeln oder die Kartoffeln kochen, kleine Tanzeinlagen mit den Hunden.

Sie sollten diese Einheiten immer ungefähr zur gleichen Zeit einlegen. Hunde, vor allem psychisch belastete Hunde, brauchen einen routinierten und gleichmäßigen Tagesablauf.

BITTE BEACHTEN

Unterscheiden Sie bitte zwischen Einflüssen von außen und angeborenen Problemen. Selbstverletzungen aufgrund von Insektenstichen sind einfach zu behandeln. Das Training bei genetisch bedingten Ursachen ist langwieriger.

Leckekzeme und andere Hautprobleme

Das Leckekzem ist leider eine sehr häufige Erkrankung. Es entsteht durch ein zwanghaftes Lecken bestimmter Körperteile. Diese werden dadurch haarlos, geschwürartig.

Das Lecken kann vielerlei Ursachen haben, z. B.:

> Flöhe, Milben oder Zecken
> allergische Reaktionen (z. B. Futterunverträglichkeiten, Pollen usw.)
> Erkrankungen der Innenorgane (z. B. Schilddrüse, Leber und Niere)
> Tumorerkrankungen
> schmerzende Nervenentzündungen
> Arthrosen (der Hund leckt oft an der schmerzenden Stelle)
> verstopfte Analdrüsen (die Analdrüse hat auch eine Wirkung auf die Haut)

Die Unterdrückung durch Salben oder Cortison ist keine Lösung.

Alle medizinischen Ursachen müssen vor einer Behandlung von einem Fachmann abgeklärt werden !

Wenn das Leckekzem behandelt wurde, hat man einen entspannten Hund.

Homöopathische Lösungsvorschläge

APIS MELLIFICA
Der Hund hat ein frisches akutes Leckekzem mit ödematöser hellroter Schwellung der Haut. Es fühlt sich heiß an und ist sehr schmerzempfindlich. Er winselt sehr schnell.

Er ist auch ungeschickt und er fällt ständig über seine Pfoten.

Fürchtet sich vor fliegenden Gegenständen oder Tieren.

Es ist ein sehr vitaler Hund und will in Gesellschaft sein. Er ist sehr anhänglich und sehr eifersüchtig.

BERBERIS VULGARIS
Das Leckekzem wurde durch eine Leber- oder Nierenerkrankung ausgelöst. In diesem Fall ist die Ursache oft ein Fütterungsfehler.

Das Fell ist fettig, filzig und stumpf. Ansonsten ist es ein gemütlicher und gelassener Hund. Im kranken Zustand ist er erschöpft, müde und gleichgültig gegenüber dem, was um ihn herum geschieht. Er schläft schlecht und ist dann oft übermüdet. Er ist kraftlos, sowohl körperlich als auch geistig. Erträgt keine Schmerzen und wechselt ständig seinen Schlafplatz.

CANTHARIS
Es existiert ein sehr schmerzhafter, tiefroter Hot Spot. Der Hund hat Brennschmerzen. Es sind auch die tieferen Hautschichten betroffen und es nässt. Dadurch entsteht eine ängstliche Ruhelosigkeit, die in Wut endet. Er lässt sich nicht gerne berühren.

Es sind auch Folgen von Zwangsdeckungen bei den Weibchen.

CARDIOSPERMUM
Cardiospermum hat eine kortisonartige Wirkung.

Der Hund hat eine schuppige und entzündliche Haut, begleitet von nässenden und juckenden Ekzemen. Das Leckekzem ist meist durch Allergie ausgelöst. Dieses Mittel wird auch bei chronischen Hautveränderungen verwendet.

Die Konzentration des Hundes ist schwierig, teilweise ist er geistig abwesend. In dieser Situation ist es auch sehr schwer, mit ihm zu arbeiten, da er vergesslich und sehr langsam wird.

Er hat eine Angst, die sehr qualvoll werden kann, dadurch ist er oft gereizt. Es kann am Ende zu einem Tobsuchtsanfall kommen. Er will in dieser Situation in Ruhe gelassen werden.

GRAPHITES
Die Haut wirkt oft ungesund, ist trocken und schuppig. Es gibt eine Neigung zu eitrigen Wunden. Es besteht ein nässender Ausschlag mit honigartiger Absonderung.

Der Hund kann sich über den kleinsten Anlass aufregen und verzweifelt über Kleinigkeiten.

Er hat das Gefühl, nicht beachtet zu werden, auch schon im Welpenalter bei seinen Geschwistern. Dieser Hund darf nicht angeschrien oder bestraft werden, denn dann verweigert er die Arbeit komplett. Er kann richtig stur werden und führt dann die Kommandos nur unter Zwang aus.

KURZ GEFASST

· ·

- Apis, bei frischen akuten Leckekzem
- Cantharis, Folgen von Zwangsdeckung
- Cardiospermum hat eine kortisonar-
  tige Wirkung
- Graphites, Hunde haben das Gefühl,
  dass sie nicht beachtet werden

· ·

HEPAR SULFURIS

Es ist das wichtigste Mittel für akute und schmerzhafte Eiterungen. Auffällig ist der Geruch der Absonderungen, denn diese riechen nach Käse. Der Hund ist reizbar, unzufrieden mit sich und den anderen. Er meint, dass die Personen, die ihm helfen wollen, ihn schlecht behandeln und demütigen (bitte diesen Hund nicht auslachen, denn das nimmt er sehr übel). Wird manchmal in Situationen schnell irritiert und ist dann heftig in seinen Impulsen.

IGNATIA

Der Hund hat eine juckende Haut und hat Rötungen und Quaddeln. Er verträgt keine Zugluft auf der Haut. Ständige wechselnde Stimmungen des Hundes und sein ewiges Winseln quälen oft den Hundehalter. Der Hund sucht auch immer jemanden, an den er sich klammern kann.

Er ist voller widersprüchlicher Stimmungen, denn Kummer, Zorn und Enttäuschung verschmelzen zu einer inneren Anspannung, die sich entladen kann. Durch die Trennung von seiner geliebten Bezugsperson (oder einem Rudelmitglied) entsteht eine Trauer. Er ist sehr eifersüchtig und in seiner Panik

unruhig, kann nicht liegen bleiben und ist ständig in Bewegung bis zur totalen Erschöpfung. Auch dann will er sich nicht hinlegen.

Der Ignatia-Hund ist sehr emotional. Es ist ein nervöser Hund und er hat eine leicht erregbare Natur. Auf dem Hundeplatz hat er eine sehr rasche Auffassungsgabe und lernt schnell. Er setzt das Gelernte auch schnell um.

MERCURIUS SOLUBILIS

Bei diesem Mittel haben wir eine akutes Leckekzem mit eitrig nässender Absonderung. Die Haut hat starke ulzeröse Rötung. Es ist schmerzhaft und sehr berührungsempfindlich. Manchmal darf man es nicht mal anschauen. Auf Unterdrückung reagiert er entweder mit Davonlaufen oder er greift an. Er lehnt sich gegen Autorität auf, ist aber selbst dominant. Es muss immer alles schnell gehen, denn er ist immer in Eile, und wenn es ihm zu langsam geht, wird er ungeduldig. In seiner Ungeduld verletzt er sich selbst oder andere.

MEZEREUM

Der Hund hat ein eitriges Leckekzem mit Krustenbildung, es juckt sehr und ist schmerzempfindlich. Haare sind an der betroffenen Stelle verklebt. Er will in einem Rudel sein, eine Trennung von seinen Mitgliedern wird mit Angst begleitet und er wird melancholisch. Gedankenverloren starrt er aus dem Fenster, ohne eigentlich etwas zu erkennen. Die Symptome sind von Schock und Schmerz ausgelöst worden.

STAPHISAGRIA

Das Ekzem ist berührungsempfindlich und schmerzhaft. Es sind viele kleine Bläschen, die dann aufgeleckt werden.

Der Hund unterdrückt seine Gefühle; Wut und Aggression zu zeigen, ist unter seiner Würde. Er ist krankhaft empfindlich und seine Persönlichkeit darf nicht verletzt werden. Es brodelt in ihm. Er fühlt sich entehrt und gekränkt. Wenn er seine Wut nicht ausleben kann, kommt es zu Aggression. Er kann vor Wut richtig zittern.

Die Ekzeme sind Folgen einer Flohbiss- oder Insektenstichallergie, aber auch von Strafe und Liebesentzug.

SULFUR

Sulfur ist das Hauptmittel zur Entgiftung des Körpers bei Fütterungsfehlern, Futterunverträglichkeiten und Medikamenten.

Das Fell ist stumpf und fettig, die Unterwolle ist verfilzt. Die Haut ist schuppig, stark juckend und meistens begleitet mit Haarbruch. Dieser Hund ist oft verachtet, unterdrückt, herabgesetzt und kritisiert worden. Dadurch wurden sein Stolz und seine Würde verletzt. Er will weder seelisch noch körperlich beschmutzt werden. Kritik kann er sehr schlecht ertragen, da seine Würde verletzt wird. Welpen haben einen Forschersinn, sind immer neugierig und man muss sie ihre Neugier ausleben lassen. Bei den Welpen habe ich beobachtet, dass sie alles immer zerkauen und zerbeißen, was in ihre Nähe kommt. Es spielt keine Rolle, was es ist, Hauptsache man kaut mal ein bisschen darauf herum. Den Hund dann zu schimpfen, wäre für seine Entwicklung nicht förderlich.

KURZ GEFASST

- Igantia wird eingesetzt bei Trennung von Besitzer oder Rudel
- Mezereum, will bei seinem Rudel sein
- Staphisagria, es sind Folgen von Strafe und Liebesentzug
- Sulfur, Hunde sind sehr neugierig und haben eine Forschersinn

Ich habe nicht alle Mittel für die Hautprobleme erwähnt, denn das würde den Rahmen des Buches sprengen.

Blutegeltherapie

Diese ungewöhnliche, aber sehr wirkungsvolle Behandlung bei Hautproblemen will ich noch erwähnen. In meiner Praxis habe ich die Erfahrung gemacht, dass der Hund die Behandlung mit Blutegeln sehr ruhig über sich ergehen lässt. Es werden gewisse Stoffe von dem Blutegel abgegeben, die eine betäubende und beruhigende Wirkung haben. Meistens schläft der Hund während der Behandlung ein. Bei dem Saugvorgang werden bestimmte Stoffe in die Bissstelle abgegeben, die eine heilende Wirkung haben.

Eine Behandlung von Blutegeln ist von einem Fachmann auszuführen.

Waschungen der erkrankten Stellen

KAMILLENTEE

Wird zur Reinigung der erkrankten Stelle verwendet. Er hat eine entzündungshemmende und heilende Wirkung auf die Haut. Kann aber oft bei allergischen

Hautproblemen nicht verwendet werden, da die Kamille aggressiver ist.

GÄNSEBLÜMCHENTEE

Diese wunderbare Heilpflanze wird verwendet, wenn eine allergische Komponente bei den Hauterkrankungen vorliegt. Sie wirkt wesentlich sanfter.

RINGELBLUMENTEE

Dieser Tee fördert die Bildung von neuen Hautzellen und wirkt entzündungshemmend und heilend. Man nimmt ihn bei schlecht heilenden Wunden.

GERBSTOFFHALTIGE PFLANZENTEES

Bei Entzündungen und nässenden Ekzem nimmt man, damit es abtrocknet, Pflanzen wie Eichenrinde, Taubnessel, Walnussblätter. Deren Gerbstoffe bilden eine abschließende Schicht. Sie sind zusammenziehend, entzündungshemmend und antibakteriell.

Eichenrinde: Ich nehme 1 Teelöffel (ca. 3 g), gebe ihn in 150 ml kaltes Wasser, koche das Ganze kurz auf und lasse den Sud kalt werden. Danach bitte abseien und verwenden.

Taubnessel- und Walnussblätter: 1 Teelöffel mit 200 ml kochendem Wasser übergießen, Deckel drauf und 5 Minuten ziehen lassen, danach abseien.

Bitte den Tee in der Apotheke besorgen.

Alternativen zu Globuli

BACHBLÜTEN

Grab Apple – reinigt die Seele. Der Hund hat einen manischen Putzzwang. Er fühlt sich innerlich und äußerlich beschmutzt.

Holly – nimmt man bei Hauterscheinungen wie Fisteln, Ausschlägen, Allergien usw.

Olive – sorgt für Entspannung und stärkt die Beschaffenheit der Haut.

Star of Bethlehem – ist unser Seelentröster und gehört bei mir in jede Mischung.

SCHÜSSLER-SALZE

Calcium fluoratum Nr. 1 – macht die Haut wieder elastisch. Es ist das Salz für das Bindegewebe.

Ferrum phosphoricum Nr. 3 – wird bei Juckreiz und Entzündungen der Haut eingesetzt.

Kalium sulfuricum Nr. 6 – entgiftet die Leber und wirkt ausgleichend auf den Stoffwechsel.

Silicea Nr. 11 – fördert die Festigkeit des Gewebes und steigert die Widerstandsfähigkeit. Gleichzeitig beruhigt es das entzündete Gewebe und fördert den Heilungsverlauf.

Waschungen mit der passenden Blütenmischung fördern die Heilung zusätzlich.

Depressionen und Trauer

In der Humanpsychologie werden Depressionen in unterschiedlichen Formen beschrieben. Die beim Hund am häufigsten vorkommenden Formen dürften die reaktive und die neurotische Depression sein. Andere Formen der Depression sind beim Hund nur sehr schwer zu diagnostizieren.

REAKTIVE DEPRESSION
Von einer reaktiven Depression spricht man, wenn sie z. B. vom Verlust eines Partners, einer körperlichen Einschränkung, vor allem bei älteren Hunden, die immer sehr aktiv waren, von Krankheit, Umzug oder einer Veränderung der Lebensumstände, z. B. der Abgabe im Tierheim, ausgelöst wurde. Die Depression setzt plötzlich ein.

NEUROTISCHE DEPRESSION
Hier geht man davon aus, dass Patienten aufgrund eines weiter zurückliegenden Ereignisses wie einen Schock oder durch länger andauernde Stresssituationen Depressionen entwickelt haben. Die Symptome treten über längere Zeit, möglicherweise bereits seit dem Welpenalter auf.

SYMPTOME
Symptome können sein: Stimmungsschwankungen ohne erkennbaren Anlass, Ängstlichkeit, Schlafstörungen, kein Appetit, Gewichtsverlust, Freudlosigkeit, der Hund zieht sich zurück, hat keine Motivation mehr.

Homöopathie kann bei diesem Krankheitsbild unterstützend eingesetzt werden. Es sollte bei Depressionen jedoch auf jeden Fall ein Hundepsychologe oder ein Tierarzt hinzugezogen werden.

Hunde können, wie Menschen, bei Verlusten trauern. Die bekannteste Geschichte ist wohl die von Hachiko, einem Akita, der in Tokio jahrelang am Bahnhof auf sein verstorbenes Herrchen wartete.

Anders als bei Depressionen führt der Betroffene ein relativ normales Leben. Als unsere Althündin Sunny starb, suchte Queen, die jüngere Hündin, immer wieder die Liegeplätze von Sunny auf, obwohl sie sich dort bisher nie aufhielt. Queen lief immer wieder suchend durchs Haus und ging sogar in den Keller, den sie vorher stets gemieden hatte. Ansonsten verhielt sie sich völlig normal, fraß ihre Mahlzeiten, spielte draußen mit unserem jungen Rüden und zeigte keine weiteren Symptome. Nur im Haus verhielt sie sich anders.

Einen anderen Ablauf stellten wir dann bei unserem Rüden fest, als Queen starb. Er trauerte die ersten drei Monate intensiver als Queen damals beim Tod von Sunny. Er spielte nicht mehr und betrat wochenlang unseren Trainingsraum nicht mehr. Auch er suchte nun die Liegeplätze auf, die Queen bevorzugte. Nur sein Appetit war ungebrochen. Nach einer Trauerphase von drei Monaten verhielt er sich wieder normal.

Hunde können also sehr wohl um einen Partner trauern. Einem trauernden Hund kann mit Homöopathie gut geholfen werden.

LÖSUNGSANSATZ 1 – ROUTINIERTER TAGESABLAUF

Körperliche Ursachen für Verhaltensänderung müssen auf jeden Fall sicher ausgeschlossen werden. Konsultieren Sie einen Tierarzt und stellen Sie gegebenenfalls durch eine Blutuntersuchung fest, dass der Hund keine anderen körperlichen Störungen aufweist.

Bieten Sie Ihrem Hund einen geregelten, routinierten Tagesablauf. Spaziergänge erfolgen zu möglichst immer den gleichen Zeiten und Sie gestehen Ihrem Hund sein Tempo zu. Auch die Fütterung sollte nun zu ungefähr der gleichen Zeit stattfinden. Legen Sie die Aktionen mit dem Hund so, dass diese in Ihren bisherigen Tagesablauf passen.

Beobachten Sie Ihren Hund gut und bieten Sie ihm das, worauf er gerade Lust hat. Genau wie ein Zuviel an Beschäftigung, kann auch ein Zuwenig an Arbeit den Hund in eine Depression treiben. Vor allem gilt dies natürlich für typische Arbeitsrassen wie Hütehunde und Jagdhunde.

LÖSUNGSANSATZ 2 – AUSGLEICH SCHAFFEN

Versuchen Sie einen guten Ausgleich zwischen Aktions- und Ruhephasen zu finden. Eine gute Hilfe am Anfang ist es, eine Checkliste anzufertigen (siehe Kapitel „Service"), in die Sie Ihre Zeiten und Aktionen eintragen.

Beenden Sie die Trainingsarbeiten, sobald Sie merken, dass sich der Hund zurückzieht. Dies kann er zeigen, indem er die Ohren anlegt, die Rute einzieht oder sich kleiner macht.

Erhöhen Sie die Trainings- bzw. Aktivzeiten langsam und achten Sie darauf, dass der Hund Spaß dabei hat.

BITTE BEACHTEN

Hunde lieben Routinen. Vor allem der Tagesbeginn und das Tagesende laufen bei uns beispielsweise immer gleich ab. Dies begünstigt auch das Training mit einem ängstlichen Hund. Der Halter bleibt für seinen Hund berechenbar, was eine beruhigende Wirkung hat.

Homöopathische Lösungsvorschläge

ACONITUM NAPELLUS
Akutmittel nach einem Schock.
Die Depression und die Trauer wurden durch ein traumatisches Erlebnis ausgelöst.

Kann von Rauferei, Knall oder Unfall ausgelöst werden. Der Aconitum-Hund regt sich schnell auf, ist dann plötzlich aufbrausend, erschreckt sich aber auch leicht und wird dabei sogar gewalttätig. Widerspruch duldet er keinen, er beruhigt sich aber schnell wieder. Der Hund ist aus seinem bis dahin ruhigen Leben herausgeworfen und alles wird als anders und bedrohlich empfunden. Er wacht plötzlich auf und will fliehen. In seiner Panik bekommt er dann einen starren Blick und meint, dass er seiner Situation vollkommen ausgeliefert ist. Er hat eine psychische und physische

Ein fröhlicher Hund – die Rute wird oben gehalten, er hat ein kleines „Lächeln" im Gesicht und aufmerksame Öhrchen.

Unruhe. Dadurch hat er das Vertrauen zur Umwelt verloren.

Für mich ist das ein Mittel, das ich sehr gerne bei Auslands- und Tierheimhunden verwende, da der Besitzer und ich die Vorgeschichte oft nicht kennen. Auch wenn der Hund schon immer bei einer Familie war, erkennt man oft den Auslöser der plötzlich auftretenden Angst oder Trauer nicht, weil der Hund manche Situationen durch frühere Ereignisse falsch versteht und dadurch falsch verknüpft.

CAUSTICUM

Hier braucht der Hund sein Rudel, denn er holt sich Stärke und Mut aus der Gruppe, er wird sich mutig auf äußere Bedrohungen stürzen. Wichtigstes Gefühl ist „ängstlich um andere besorgt". Nimmt man ihm sein Rudel, und so Mut und Stärke, wird er in Angst bzw. Depression verfallen. Wobei hier auch das Rudel Familie gemeint ist. Er ist ansonsten argwöhnisch und misstrauisch, zittert bis zu Krampfanfällen und läuft im Kreis. Im Schlaf sind die

Pfoten ständig in Bewegung. Causticum verwende ich auch sehr gerne bei alten depressiven Hunden.

CALCIUM CARBONICUM

Nimmt man für einen Auslandshund, der Heimweh hat und sich hier sehr schlecht anpassen kann. In seiner Unruhe hat er oft unwillkürlichen Urinabgang. Er ist empfindlich und hat eine Abneigung gegen Arbeit und Anstrengung. Höhe macht ihm Angst, aber eigentlich macht ihm alles Angst, wie z. B. Veränderungen, ein neuer Ort, neue Personen usw. Daraus entwickelt sich dann eine tiefe Trauer oder Depression. Auffällig ist, dass er sich Schlafplätze sucht, die von vielen Seiten eingeschlossen sind, aber ihm keine Klaustrophobie verursachen können. Also eine Höhle, die ihn aber nicht erdrückt. In der Dunkelheit ist er sehr unsicher und fürchtet sich davor. Den Beschwerden gehen lang anhaltende psychische und körperliche Überbelastungen voraus.

HELEBORUS NIGER

Für diesen Hund schmeckt das Leben fad und schal, sein Geist und sein Sinn sind abgestumpft und er hat keinen Lebenswillen. Er hat keinerlei Interesse an seiner Umgebung, er wirkt wie blind und taub und bleibt in sich zurückgezogen. Man findet nur sehr schlecht einen Zugang bzw. einen Ansatz, um ihm zu helfen. Ein Liebesverlust führt ihn in den Zustand der Abstumpfung. Er will leider in dieser Situation weder Gesellschaft noch Trost, denn diese würden die Gefühle nur nach oben bringen oder wachrütteln. Daher verschließt er

sich. Eine Kopfverletzung kann diese Beschwerden auslösen, sei es durch Unfall oder Schläge.

HYPERICUM

Hypericum ist das Mittel für Nervenverletzungen. Es hilft bei seelischen und körperlichen Wunden. Die Schmerzgrenze des Hundes ist sehr niedrig und daher empfindet er jeden Schmerz, auch wenn er noch so klein ist, oft unerträglich. Er will in dieser Situation nicht berührt werden, da es wirklich sehr wehtut. Das ist die körperliche Variante, aber die seelische ist die gleiche. Er will sich nicht noch mal seelisch verletzen lassen, denn es schmerzt so sehr. Der Hund ist angespannt und wird in der Situation auch den Besitzer abschnappen. Er fühlt sich hilflos ausgeliefert, in seiner Vitalität eingeschränkt und gefangen. Auffällig ist, dass der Geruchs- und Gehörsinn sehr ausgeprägt sind.

KURZ GEFASST

- Aconitum, Trauer ausgelöst durch traumatisches Erlebnis
- Causticum, braucht sein Rudel
- Heleborus niger, hat keinen Lebenswillen
- Hypericum ist das körperliche und geistige Nervenmittel

IGNATIA

Ständige wechselnde Stimmungen des Hundes und sein ewiges Winseln quälen oft den Hundehalter. Der Hund sucht auch immer jemanden, an den er sich klammern kann. Er ist voller widersprüchlicher Stimmungen, denn Kummer, Zorn und Enttäuschung verschmelzen zu einer inneren Anspannung, die sich entladen kann. Durch die Trennung von seiner geliebten Bezugsperson (oder einem Rudelmitglied) entsteht eine Trauer. Er ist sehr eifersüchtig und in seiner Panik unruhig, kann nicht liegen bleiben und ist ständig in Bewegung bis zur totalen Erschöpfung. Auch dann will er sich nicht hinlegen.

Der Ignatia-Hund ist sehr emotional. Es ist ein nervöser Hund und hat eine leicht erregbare Natur. Auf dem Hundeplatz hat er eine sehr rasche Auffassungsgabe und lernt sehr schnell. Er setzt das Gelernte auch schnell um.

Es ist für mich das wichtigste Mittel bei Eifersucht, denn dadurch entstehen Kummer und Depression. Durch Kummer kommt es häufig zu Haarausfall.

LACHESIS

Er hat einen fesselnden Charakter und bekommt dadurch auch die Aufmerksamkeit, die er braucht. In seiner Umgebung ist er misstrauisch und wachsam. Er ist sehr lebhaft und auch sehr ausdrucksstark. Dadurch ist er auch von Rivalität geprägt; wenn sein Versuch fehlschlägt, sich gegen andere Hunde durchzusetzen, zieht er sich zurück. Die Trauer des Hundes wird ausgelöst von einem autoritären Besitzer oder durch autoritäre Erziehungsmethoden.

NATRIUM CHLORATUM

Ein selbstbewusster, aktiver Hund, aber nicht dominant. Benötigt viel Lob und Aufmerksamkeit beim Lernen. Bei Überforderung ist es so, dass er entweder aggressiv, hysterisch und reizbar reagiert oder er zieht sich zurück und ist nur noch traurig und depressiv. Er hasst Veränderungen und kann sich auch überhaupt nicht anpassen.

Nässe und Kälte ist ihm ein Graus, es drückt ihm nicht nur auf das Gemüt, sondern es macht ihn auch körperlich krank. Beim Kot- und Urinabsatz will er keinen Zuschauer haben, er versucht, sich möglichst zu verstecken. Das kann so weit gehen, dass er seine Ausscheidungen so lange verhält, bis er wieder an einem „sicheren Ort" ist und sich dann löst. Daher kommt auch oft die Aussage des Besitzers: „Wir sind stundenlang mit dem Hund spazieren gegangen und er hat nichts gemacht, kaum waren wir zu Hause, hat er sich hinter der Couch gelöst."

PULSATILLA

Der Hund scheint eine innere Schwäche zu haben, dadurch kann er sich der Härte der Welt nicht stellen. Sein Besitzer sollte sanft, weich und liebkosend mit ihm umgehen, das stellt er sich so vor. Der Besitzer muss ein Feingefühl finden, das der Hund so entbehrt und braucht.

Den Besitzer will er für sich in Anspruch nehmen, dadurch ist er eifersüchtig, unterwürfig, sanft und fügsam. Deshalb ist er auch schlecht zu durchschauen. Am liebsten wäre es ihm, wenn er den ganzen Tag gestreichelt und getragen wird. Seinen Kummer erleidet er in stiller Unterwürfigkeit, wenn man ihn dann tröstet, geht es ihm besser.

SEPIA

Er meint, man zwingt ihn zu Dingen, die er gar nicht machen will. Er fühlt sich bevormundet und meint, dass es ihm nicht erlaubt wird, seine eigenen Entscheidungen zu treffen. Diesem Hund muss man erlauben, bis zu einem bestimmten Punkt seine Entscheidungen selbst zu treffen. Erfolgt ein Widerspruch des Besitzers, dann wird er zornig. Er will körperlich und geistig ausgelastet werden, und das kann für einen Besitzer mit der Zeit sehr anstrengend werden. Da er immer arbeiten will, kann es passieren, dass man diesen Hund überfordert. Er verzweifelt dann. Dadurch kommt es zu einer Gleichgültigkeit und zu einer großen Traurigkeit.

Alternativen zu Globuli

BACHBLÜTEN

Aspen – bei Depressionen, die mit starken Angstanfällen einhergehen.

Elm – bei Depressionen, die durch Überforderung ausgelöst wurden.

Gorse, Olive, Sweet Chestnut zusammen – bei Gefühlen der Verzweiflung und Hoffnungslosigkeit.

Star of Bethlehem – ist unser Seelentröster und kommt bei mir immer mit in die Mischung.

SCHÜSSLER-SALZE

Kalium phosphoricum Nr. 5 – der Hund ist pessimistisch und uneinsichtig. Es fehlt das Selbstvertrauen.

Kalium sulfuricum Nr. 6 – er ist verkrampft, uneinsichtig und extrem unausgeglichen. Seine Stimmung ist sehr schwankend zwischen hysterisch und weinerlich.

Natrium chloratum Nr. 8 – hier ist der Hund in sich gekehrt, eigenbrötlerisch und kann das Geschehene nicht verarbeiten.

Natrium sulfuricum Nr. 10 – der Hund ist rechthaberisch und mischt sich in Rudelprobleme ständig ein. Ist aber antriebslos und hat Depressionen.

Bei richtigen Panikattacken nimmt man 2 Tabletten, löst sie in Wasser auf und verabreicht die Lösung in das Maul.

KURZ GEFASST

· ·

- Ignatia, da brennt der emotionale Flächenbrand
- Natrium chloratum, Überforderung macht aggressiv und depressiv
- Pulsatilla, kann sich der Härte der Welt nicht stellen
- Sepia, will keinerlei Widerspruch, dann wird er zornig

· ·

ÜBERSTEIGERTER BEWEGUNGSDRANG

„Zu" aktiv?

Allen voran wird dem Border Collie ein unstillbarer Bewegungsdrang nachgesagt. Dies gehört zu den typischen Hundemythen, die sich hartnäckig halten. Als Erstes muss daher betont werden: Kein Hund, egal welcher Rasse, ist dafür geboren, ständig zu laufen.

Selbstverständlich gibt es je nach Rasse die unterschiedlichsten Temperamente. Der Jack Russell Terrier braucht als Jagdhund sicher mehr körperliche Aktion als der Berner Sennenhund. Hüte- und Treibhunderassen sind aufgrund ihres ursprünglichen Einsatzzwecks aktiver als Herdenschutzhunde oder molossoide Rassen.

Es gibt jedoch auch bei den als eher „gemütlich" geltenden Rassen immer Ausnahmen. Überlegen Sie bei der Rassewahl genau, welcher Hund mit welchem Grundtemperament zu Ihnen passt. Nehmen Sie eine Rasseberatung in Anspruch, die von vielen Hundeschulen und Hundepsychologen kostenlos angeboten wird.

Übersteigerter Bewegungsdrang kann die unterschiedlichsten Ursachen haben. Vor allem bei Rassen, die aufgrund ihrer Erbanlagen dazu neigen, kann eine regelrechte Bewegungsspirale ausgelöst werden.

„Jetzt bin ich seit zwei Stunden mit dem Hund unterwegs und er wird einfach nicht müde ...", höre ich sehr oft in der Praxisarbeit. Eines kann ich Ihnen versichern: Ausschließlich körperliche Beschäftigung macht Ihren Hund garantiert nicht müde.

Angeborene Ursachen

HÜTE- UND SCHÄFERHUNDE

Border Collie, Australian Kelpie, Australian Shepherd, Altdeutsche Schäferhunde und Co. wurden in der Zucht dahingehend selektiert, große Herden zu hüten und zu kontrollieren. Hunde, die da nicht mithalten konnten, wurde aus der Zucht genommen. Dies heißt aber nicht, dass Hunde dieser Rassen 24 Stunden beschäftigt werden müssen.

TREIBHUNDE

Allen voran Belgische Schäferhunde, Australian Cattledog und auch deutsche Rassen wie Rottweiler und Schnauzer gehören zu den sogenannten Treibhunden. Ihre Aufgabe war es, große Herden, vor allem Rinder, über weite Strecken von einem Ort zum anderen zu treiben. Ausdauer war, neben ausgeprägtem Schutztrieb, eines der wichtigsten Zuchtziele.

MEUTEHUNDE

Foxhound, Beagle und andere brackenartige Hunde sollten das Wild aufstöbern und ausdauernd verfolgen. Den Beagle sieht man selten länger an einer Stelle schnüffeln, er nimmt die Nachrichten eher im Vorbeigehen wahr. Hundemeuten dürfen sich nicht lange aufhalten oder Müdigkeit vorschützen, sonst ist die Beute ganz schnell weg.

Anerzogene Ursachen

Paracelsus sagte schon im Jahre 1538: „Alle Dinge sind Gift, und nichts ist ohne Gift. Allein die Dosis macht, dass ein Ding kein Gift ist."

Genau so verhält es sich auch mit dem Adrenalin. Eigentlich ist es ein „gutes" Stresshormon, das für unsere Vorfahren sehr wichtig war. Es steigert die Herzfrequenz, erhöht den Blutdruck, erweitert die Bronchien und regt die Durchblutung an. Um schnell flüchten zu können, schüttet die Nebennierenrinde dieses Hormon in einer Krisensituation aus.

Adrenalin kann jedoch auch süchtig machen. Je mehr, länger und öfter Adrenalin in den Blutkreislauf gepumpt wird, desto mehr steigt das Bedürfnis nach einem „Kick", dem sogenannten Adrenalinstoß.

RADFAHREN UND JOGGEN

Natürlich darf Ihr Hund mit Ihnen am Fahrrad laufen und natürlich darf er mit Ihnen Joggen gehen. Die tägliche und ausschließliche Beschäftigung sollte dies aber nicht sein. Je länger Sie Rad fahren, je mehr Sie joggen, desto mehr Adrenalin schüttet die Nebennierenrinde Ihres Hundes aus. Siehe oben: Desto mehr steigt das Bedürnis nach einem „Kick" ...

Adrenalin kann süchtig machen und führt zu übersteigertem Bewegungsdrang. Sport mit Hunden macht so keine Freude.

HUNDESPORTARTEN WIE AGILITY, DOG FRISBEE UND FLYBALL

Diese Hundesportarten sind ausnahmslos auf Geschwindigkeit ausgelegt. Selbstverständlich sollen und dürfen Sie mit Ihrem Hund auch diese Hundesportarten betreiben. Sie sollten jedoch an den oben zitierten Spruch von Paracelsus denken. Zu viel Adrenalin kann Gift sein.

BITTE BEACHTEN

Wichtig ist ein durchdachter Ausgleich zwischen Aktion, geistiger Auslastung und Ruhe. Zu viel schadet immer, egal ob es sich dabei um Sport, Kopfarbeit oder Nichtstun handelt. Passen Sie die Aktionen individuell an Ihren Hund an. Mehr noch als bei den anderen Themen ist bei übersteigertem Bewegungsdrang ein strukturierter Tagesablauf immens wichtig.

KURZ GEFASST

. . . .

- Bewegungsbedürfnis rassespezifisch angelegt
- Übersteigerter Bewegungsdrang kann anerzogen sein
- Ein Zuviel kann „süchtig" machen
- Individuelles Bedürfnis herausfinden
- Strukturierter Tagesablauf

. . . .

Training „cool down"

TRAININGSSCHRITT 1, WOCHE 1 – TAGESABLAUF KOORDINIEREN

Planen Sie anhand der Checkliste im „Anhang" einen strukturierten Tagesablauf durch. Teilen Sie die Zeiten so ein,

dass sie zu Ihrem Tagesablauf passen. Die Zeitangaben in der Checkliste sind lediglich Beispielzeiten.

Achten Sie darauf, dass der Hund regelmäßige Ruhephasen einhält, und reduzieren Sie die Bewegungsphasen auf das Notwendigste.

TRAININGSSCHRITT 2, WOCHE 2 – BINDUNG UND KONZENTRATION

Beginnen Sie mit Touch-Arbeit und Blickkontakttraining (siehe Kapitel „Unersättlicher Appetit"). Erste Schritte können Sie im Haus oder Garten ohne Ablenkung trainieren. Bei fortgeschrittenem Training verlegen Sie die Übungen nach draußen.

TRAININGSSCHRITT 3, WOCHE 3 – KONSEQUENT SEIN

Starten Sie mit geistig anspruchsvollen Übungen. Dogdancing, Trickdogging und Intelligenzspiele eigenen sich dafür am besten.

Achten Sie darauf, dass Ihr Hund ruhig und konzentriert arbeitet. Wenn Ihr Hund hektisch und unkonzentriert wird, schließen Sie die Trainingseinheit mit einer Übung ab, die der Hund gerne ausführt oder gut kann. Dies kann auch ein einfaches „Sitz" sein.

Werden Sie selbst keinesfalls laut oder hektisch, wenn es noch nicht so gut klappt. Je hektischer und schneller der Hund wird, desto langsamer und leiser werden Sie.

TRAININGSSCHRITT 4, WOCHE 4 – ÜBUNGEN IN DEN ALLTAG EINBAUEN

Ihr Hund hat nun gelernt, langsam und konzentriert mit Ihnen zu arbeiten.

Legen Sie nun los, die ruhigen Übungen immer mehr in den Alltag und die Spaziergänge einzubauen. Bestehen Sie auch draußen darauf, dass Ihr Hund langsam und ruhig mit Ihnen arbeitet.

Training „slowly up"

TRAININGSSCHRITT 1, WOCHE 1 – BEWEGUNG LANGSAM STEIGERN

Beginnen Sie nun, die Bewegungsphasen langsam wieder zu steigern. Noch sollten Sie den Fahrradtouren, Joggingrunden oder Sportstunden langsam und reduziert nachgehen.

TRAININGSSCHRITT 2, WOCHE 2 – DAS ZIEL IST DER WEG

Steigern Sie die Bewegung auf das angestrebte Ziel. Länger als 30 Minuten sollten actiongeladene Aktivitäten nie dauern.

TRAININGSSCHRITT 3, WOCHE 3 – ALLTAG GESTALTEN

Gestalten Sie den Tagesablauf mit Ihrem Hund so, dass Sie das Tagesprogramm gut abwechseln können. Natürlich hat man z. B. im Urlaub auch mal einen anderen Ablauf. Zu Hause sollten Sie jedoch wieder in den erlernten Rhythmus wechseln.

Meine Hund wissen genau, wann sie „Sendepause" haben. In diesen Zeiten fordern sie auch nichts ein.

Öfter mal cool down – bauen Sie Konzentrationsübungen in den Spaziergang ein.

So sieht gemeinsam Joggen aus, dann funktioniert es sogar ohne Leine.

BITTE BEACHTEN

Natürlich kann Ihr Hund auch eine längere Wanderung mit Ihnen machen oder eine etwas größere Radtour. Dies sollte jedoch nicht die Regel sein. Achten Sie gerade bei Hunden, die zu übersteigertem Bewegungsdrang neigen, auf eine ausgewogene Beschäftigung. Ruhige und konzentrierte Arbeit sollte einen größeren Anteil des Tages ausmachen.

Übersteigerter Bewegungsdrang aus der Sicht des Tierheilpraktikers

Alle Hunde wollen bewegt werden, das gehört zu ihrer Natur. Durch die Bewegung werden der gesamte Bewegungsapparat, Muskulatur, Herz, Kreislaufsystem und der Stoffwechsel trainiert.

GENETISCHE URSACHEN

Bei einem übersteigerten Bewegungsdrang haben wir es oft mit einer genetischen Veranlagung zu tun, z. B. bei Jagd- oder Hütehunden. Bei diesen wurde die Lauffreudigkeit gefördert. Manche leben ihren Drang bis zur vollkommenen Erschöpfung aus. Die Ausprägung ist aber von Hunderasse, Gesundheitszustand und Alter abhängig.

MEDIZINISCHE URSACHEN

Wenn die Schilddrüse nicht richtig arbeitet, kann es ebenfalls zu diesem extremen Bewegungsdrang kommen, da der Hund nicht zu Ruhe kommt.

Man sollte auch prüfen, ob der Hund einen Floh-, Milben- oder Zeckenbefall hat.

Bei älteren Hunden sollte man nicht vergessen, dass das Gehirn unter Umständen nicht ordentlich durchblutet sein kann.

Die medizinischen Ursachen müssen vor einer Behandlung von einem Fachmann abgeklärt werden.

Homöopathische Lösungsvorschläge

AGARICUS MUSCARIUS

Dieser Hund bellt auffällig viel und ist sehr furchtlos. Er ist geistig und körperlich oft plump und ungeschickt. Morgens ist der Bewegungsdrang oft stärker, abends verbessert sich aber dieser Drang. Man kann abends mit diesen Hunden besser arbeiten, da sie ruhiger sind. Bei Tadel und Kritik verwirrt man den Hund, da er nicht weiß, ob es nun richtig oder falsch ist, was er macht. Sein Verhalten wird dadurch sehr widersprüchlich – man kann ihn nicht einschätzen. Seine Stimmung schwankt zwischen Melancholie bis zur Wut und Aggression.

ARGENTUM NITRICUM

Der Hund meint, dass er nur akzeptiert wird, wenn er alle Situationen und Krisen bewältigen kann. Das ist für mich der „Krisenmanager". Nervös, impulsiv, gehetzt und vor Prüfungen unkonzentriert. Man hat das Gefühl, er hat alles vergessen, was er jemals gelernt hat. Wenn er keinen Prüfungsstress hat, ist er auf dem Hundeplatz vollkommen normal. Wenn er sich eingesperrt fühlt, wird er impulsiv und würde in dieser Situation aus dem Fenster springen.

HYPERICUM

Es ist das große Nervenmittel für physische und psychische Erkrankungen.

Der Hund ist misstrauisch und angespannt. Er fühlt sich in vielen Situationen hilflos ausgeliefert, in seiner Vitalität eingeschränkt und gefangen. Von seinem Besitzer ist er vollkommen abhängig und im Stich gelassen. Von Höhen steigt er nur sehr vorsichtig herunter, er hat Angst zu fallen. Hypericum hilft, wenn der Hund überhaupt nicht zur Ruhe kommt.

RHUS TOXICODENDRON

Die Gemütssymptome entstehen durch Verletzung oder Schmerz. Es ist ein recht freundlicher, sanfter und schüchterner Hund. Aber fürchterlich nervös, das kommt auch daher, dass er sich oft hilflos und verlassen fühlt. Er muss immer auf der Hut sein. Es ist kein Kuschelhund, denn er will eher seine Ruhe haben. Es treibt ihn nachts aus dem Körbchen, er kann nicht liegen bleiben. Ich habe oft festgestellt, dass diese nächtliche Unruhe von Gliederschmerzen kommt.

TARANTULA

Bei diesem Mittel muss man sich eine rasende Spinne vorstellen, dann kann man sich auch den Hund vorstellen. Es ist ein „Powerpaket", mit Energie geladen, fleißig, betriebsam und schlau. Auf dem Hundeplatz bzw. Training kann ihm nichts schnell genug gehen. Er erledigt seine Aufgaben eilig, schnell und impulsiv. Wenn der Hundebesitzer ihn ausbremsen will, wird er unter Umständen zornig. Er kann sehr unberechenbar und zerstörerisch werden. Beim Gassigehen oder auf dem Hundeplatz lässt er erst die Hunde vorbeigehen und geht dann von hinten auf den anderen Hund los.

KURZ GEFASST

- Agaricus muscarius, ist in seinem Verhalten widersprüchlich, weil er immer nachfragt: „Richtig oder falsch?"
- Hypericum ist das große Nervenmittel
- Rhus toxicodendron, Gemütssymptome entstehen durch Verletzung oder Schmerz
- Tarantula ist die rasende Spinne, dann kann man sich auch die Symptome des Hundes vorstellen

TUBERCULINUM-NOSODE

Hektische und intensive Beschäftigung ist genau seine Art. Dabei hasst er Enge und lässt sich nicht in die Monotonie des Alltages einbinden. Dieser Hund will viel unternehmen, am besten richtig langes Gassigehen, das spannend und abwechslungsreich ist. Die ganzen Unternehmungen sind geprägt durch Wagemut, Kühnheit und Risikobereitschaft. Benötigt einen ständigen Tageswechsel. Er braucht Action, Action, Action. Interessanterweise ist er zwischendurch aber wirklich auch mal müde.

Alternativen zu Globuli

BACHBLÜTEN

Impatiens – gibt man bei bestehender Unruhe, Hast und Hektik – auch bei überschießenden Reaktionen.

White Chestnut – der Hund ist ruhelos und kann nicht schlafen. Bestimmte Gedanken kreisen immer im Kopf, dadurch kommt er auch nicht zur Ruhe. Es sind auch Frustfresser.

SCHÜSSLER-SALZE

Kalium phosphoricum Nr. 5 – es ist ein wichtiges Mittel für den Muskelstoffwechsel. Eine Störung der Information zwischen Nerv und Muskel führt zu starken Bewegungsdrang.

Magnesium phosphoricum Nr. 7 – ist das „Beruhigungssalz". Entspannt die Nerven und das Muskelsystem.

KURZ GEFASST

- Tuberculinum, Actionhunde pur
- Impatiens nimmt man bei großer Unruhe
- Kalium phosphoricum ist das Mittel für die Muskelentspannung
- Magnesium phosphoricum wird auch die heiße Sieben genannt, ist unser Beruhigungssalz

Ausgewogen beschäftigen

Ausgewogen beschäftigen bedeutet nicht, den Hund ständig zu bespaßen. Rasseabhängige Bedürfnisse müssen beachtet werden.

Hundesport

Ich war selbst rund 10 Jahre im Agility-Turniersport aktiv und habe an einigen Dogdancing-Turnieren teilgenommen. Hundesport wird heute nicht mehr ausschließlich aus „Spaß an der Freude" ausgeübt, sondern sehr oft geht es nur noch ums Gewinnen. Der Gesundheit des Hundes ist dies häufig nicht zuträglich.

Optimal ist eine ausgewogene Mischung aus körperlicher Betätigung und geistiger Förderung. Leider werden Hunden noch immer zu wenige kognitive Fähigkeiten zugestanden. Hunde können mehr als schnüffeln und zu häufig werden Hunde auf ihre Nase reduziert.

AGILITY

Der wohl bekannteste und am häufigsten betriebene Hundesport. Er kann nur in einem Hundesportverein ausgeübt werden. Hoher Platzbedarf und die kostspielige Ausstattung kann sich privat nicht jeder leisten.

DUMMY-ARBEIT

Vor allem Retriever werden in diesem Hundesport geführt. Hauptsächlich wird hier die Nase des Hundes gefordert. Dummy-Suche kann man schnell und ohne großen Aufwand überall machen.

MANTRAILING

Inzwischen sehr modern geworden. Beim Mantrailen arbeitet der Hund „alleine", sprich es gibt keine Interaktion zwischen Hund und Halter. Der Hundehalter ist nur „Leinenhalter". Als Freizeitsport weniger geeignet, da immer eine Hilfsperson nötig ist.

OBEDIENCE

Besteht zum größten Teil aus klassischer Unterordnungsarbeit. Weiter gehende Forderung und Förderung ist wegen des starren Ablaufes der Übungen nicht gegeben. Die Übungen können überall ohne großen Aufwand trainiert werden.

Ausgewogenheit ist wichtig

Versuchen Sie ein Gleichgewicht zwischen körperlicher und geistiger Beschäftigung zu finden. Beachten Sie rassespezifische Bedürfnisse, die körperliche Leistungsfähigkeit und das Alter Ihres Hundes.

Junghunde sollten nicht am Rad geführt werden, bevor der skelettale Stützapparat nicht ausgewachsen ist. Das kann bei großen Rassen bis zu drei Jahre dauern. Lassen Sie junge Hunde nicht über zu hohe Hürden springen. Die Belastung der Schulter kann zu Schäden führen.

Reduzieren Sie Ihren Hund nicht nur auf seine Nase. Probieren Sie mehrere Hundesportarten oder Ausbildungsrichtungen aus. In meinen Hundekursen in Oberammergau biete ich für Hunde aller Größen, jeden Alters und Handicap-Hunde viele Schnupperkurse an, in denen Halter und Hund mit Spaß die verschiedenen Hundesportarten kennenlernen können.

KURZ GEFASST

· ·
- Ausgewogenheit ist wichtig
- Rassespezifische Bedürfnisse beachten
- Auf Alter und körperliche Leistungsfähigkeit achten
- Mehrere Hundesportarten ausprobieren
· ·

Hunde können mehr als schnüffeln, z. B. Bilder erkennen – kreative Intelligenzspiele fördern die kognitiven Fähigkeiten.

Andere Beschäftigungs-möglichkeiten

DOGDANCING

Inzwischen bekannter geworden, bietet Dogdancing viele Möglichkeiten, den Hund körperlich und geistig auszulasten. Dogdancing-Übungen können immer, überall, ohne großen Platzaufwand und ohne hohe Kosten trainiert werden

INTELLIGENZSPIELE

Es müssen nicht immer die gängigen Holz-Intelligenzspiele für Hunde sein. Im Buch „Mein Einstein auf vier Pfoten" werden kreative Intelligenzspiele vorgestellt, die ohne finanziellen und Platzaufwand überall gespielt werden können.

TRICKDOGGING

Leider wird diese höchst anspruchsvolle Arbeit mit dem Hund noch immer belächelt. Es geht nicht darum, einen Zirkushund zu erziehen, abgesehen davon, dass z. B. das Grundkommando „Sitz" für den Hund letztendlich auch nur ein Trick ist.

BITTE BEACHTEN

Beachten Sie bitte unbedingt die rassespezifischen Bedürfnisse Ihres Hundes. Es hat keinen Sinn, einen Hund im Mantrailing ausbilden zu wollen, wenn der Hund dazu nicht geeignet ist. Natürlich arbeiten alle Hunde bis zu einem gewissen Grad gerne mit der Nase. Es sind jedoch manche Rassen nicht so optimal geeignet wie andere.

Entspannen lernen

Bestimmte Rassen sind von ihrer charakterlichen Grundeinstellung schon von klein auf bewegungsfreudiger als andere Rassen und müssen Entspannen erst lernen.

Bewegung ist wichtig, aber Entspannung und Ruhe sind mindestens genau so wichtig. Vor allem die Rassegruppe der Kleinterrier sticht durch ausgeprägten Bewegungsdrang hervor. Sie wurden als sogenannte Ungezieferhunde vor allem in Rinder- und Pferdeställen gehalten. Diese Hunde mussten schnell, beweglich und „auf Zack" sein, sollten sie die Ställe doch von Ratten, Mäusen und anderen Schädlingen frei halten.

Wie schon weiter vorne in diesem Kapitel erwähnt, gibt es unterschiedliche Ursachen für übersteigerten Bewegungsdrang. Ebenso unterschiedlich können die Ansätze sein, um Entspannung und Ruhe wieder zu lernen.

LÖSUNGSANSATZ 1

Verkürzen Sie die Trainingszeiten mit Ihrem Hund. Meist wird mit Hunden zu viel, zu lang und zu intensiv trainiert – vor allem, wenn man im Turniersport aktiv ist (siehe auch „Burn-out beim Hund" im nächsten Abschnitt).

Lassen Sie sich von anderen nicht unter Druck setzen, Freizeitstress ist kein Freizeitspaß mehr. Gönnen Sie sich und Ihrem Hund doch auch einmal einen „Heute-machen-wir-nichts-Tag". An diesem Tag haben die Hunde „Frauchenfrei" und Frauchen hat „Hundefrei" Lassen Sie Ihren Hund einmal nur Hund sein. Beobachten Sie ihn in seinen Aktivitäten und nehmen Sie daran teil. Es ist oft sehr erstaunlich, was uns unsere Hunde draußen so alles zeigen, geht man einmal darauf ein.

LÖSUNGSANSATZ 2

Versuchen Sie sich einmal in einem anderen Hundesport. Ihr Hund ist eventuell für Sportarten wie z. B. Agility, Flyball oder Dog Frisbee, die nur auf Schnelligkeit abzielen, nicht geeignet. Der Hund „dreht noch höher".

Legen Sie einen Wohlfühlspaziergang ein. Gehen Sie ganz bewusst über eine Wiese. Schauen Sie sich die Pflanzen und Blumen an und beobachten Sie, was in der Natur so passiert. Hören Sie ganz bewusst dem Vogelgezwitscher zu und zeigen Sie Interesse daran, was Ihr Hund gerade mit der Nase untersucht.

LÖSUNGSANSATZ 3

Es gibt viele Möglichkeiten, dem Hund wieder Entspannung zu „lehren". Nun sind Sie und Ihre Kreativität gefragt. Diese Übungen werden nicht nur Ihrem Hund guttun, sondern auch Ihnen. Ein positiver Nebeneffekt ist: Die Bindung zu Ihrem Hund wird gestärkt, die Beziehung gefestigt

RELAXZONE FÜR ZU HAUSE

Richten Sie für sich und Ihren Hund zu Hause eine kleine Kuschelecke. Der Platzaufwand ist nicht sehr hoch, 1,5 bis 2 m² reichen völlig aus. Gestalten Sie diese Relaxzone mit Kissen oder Decken. Alte Hunde haben es gerne wärmer, Sie können also auch eine Wärmelampe anbringen. Die Kuschelecke sollte an einem strategisch unwichtigen Punkt, also nicht direkt neben einer Tür, und auch nicht an stark frequentierten Durchgangswegen liegen.

DÜFTE UND AROMEN

Aromatherapien werden in der Humanmedizin schon lange erfolgreich eingesetzt. Auch Hunde reagieren positiv auf bestimmte Düfte. Fügen Sie Ihrer Relaxzone eine Duftlampe hinzu. Gemieden werden sollten scharfe Düfte wie z. B. Pfefferminze. Sehr gut geeignet sind Duftkräuter wie Lavendel, Melisse, Rosenholz, Rosmarin und Zirbelkiefer.

ENTSPANNUNGSWORT

Genau wie „Sitz", „Platz" oder „Nein" kann der Hund ein Wort für Entspannung lernen. Unser Entspannungswort ist „Finito" (italienisch für fertig). Bauen Sie dieses Wort wie jedes andere Kommando auf. Der einzige Unterschied: Nach dem Entspannungswort passiert nichts mehr. Es wird immer dann angewendet, wenn etwas zu Ende geht. Also nach einer Trainingseinheit, nach dem Spaziergang, nach dem Fressen usw., usw.

Ignorieren Sie den Hund, wenn er nach dem Entspannungswort noch etwas einfordert.

MASSAGE UND T-TOUCH

Lassen Sie sich von einem Hundephysiotherapeuten ein paar entspannende Massagegriffe zeigen. Er kann Ihnen am Körper des Hundes auch Akupunkturpunkte zeigen, die entspannend wirken. Verwenden Sie keine Nadeln, sondern die Technik der Akupressur.

T-Touch ist eine wundervolle Möglichkeit, entspannende Streicheltechniken zu erlernen.

Wenden Sie diese Streichel- und Entspannungsmassagen in Ihrer Relaxzone an.

Achtung: Diese Entspannungsmassagen sind kein Ersatz für Massagen mit medizinischer Indikation! Sie sollen lediglich und ausschließlich der Entspannung dienen.

BITTE BEACHTEN

Beachten Sie auch hier die individuellen Bedürfnisse Ihres Hundes. Es gibt regelrechte „Power-Kuschler", während andere Hunde dem Kuscheln überhaupt nichts abgewinnen können. Für Letztere ist es natürlich kontraproduktiv, eine Relaxzone einzurichten, da sich der Hund dort sicher nicht wohlfühlt.

KURZ GEFASST

- Trainingszeiten überdenken, ggf. verkürzen
- Ruhetag einführen
- Lösungsvorschläge ausprobieren
- Individuelle Bedürfnisse beachten

Tiefenentspannt – einfach mal gemeinsam mit dem Hund die Natur genießen.

Entspannung für die Psyche bei Burn-out

Das Wochenprogramm unserer Hunde ist heute häufig so vollgepackt wie der Terminkalender eines Topmanagers. Ähnlich können die Folgen sein, jedoch wird ein Burn-out-Syndrom beim Hund oft nicht erkannt oder ignoriert.

Natürlich möchte man seinem Hund ja so viel wie möglich „bieten". Ratschläge wie „Du weißt schon, dass der viel Beschäftigung braucht" oder „Dem ist halt langweilig, mit dem musst du mehr machen" von „Hundefreunden" verursachen fast ein schlechtes Gewissen.

Häufig merken Hundehalter gar nicht, wenn ihre Hunde bereits in ein Burn-out abgerutscht sind. Hunde sind uns so treu ergeben, dass sie oft auch dann noch mitmachen, wenn sie eigentlich nicht mehr können. Lassen Sie sich keinesfalls von Hundesportkollegen unter Druck setzen. Freizeit ist eigentlich, wie der Name schon sagt: freie Zeit, und diese sollte vor allem Spaß machen, ohne Erwartungs- oder Erfolgsdruck.

PSYCHISCHE SYMPTOME – EMOTIONALE STUFE

Der Hund trainiert mit Unlust oder weigert sich, auf den Hundeplatz zu gehen, z. B. steigt er nicht aus dem Auto aus, hechelt oder speichelt vermehrt.

Der Hund zeigt Gleichgültigkeit oder Misstrauen, er hält z. B. eine große Distanz zum Halter ein, lässt Kopf und Rute hängen, läuft steif.

Der Hund wirkt frustriert oder leidet unter Stimmungsschwankungen. Wie

Auch Hunde können unter dem Burn-out-Syndrom leiden. Oft wird dies jedoch viel zu spät erkannt und der Hund als „stur" bezeichnet, wenn er das Training verweigert.

beim Menschen äußert sich dies in extremen Aktivphasen, die sich schnell und übergangslos mit Rückzugphasen abwechseln.

PSYCHISCHE SYMPTOME – KOGNITIVE STUFE

Der Hund erweckt einen „sturen" Eindruck. Führt nur bekannte Kommandos oder Übungen aus, will nichts Neues lernen. Nimmt keinen Blickkontakt auf oder ignoriert seinen Halter.

Der Hund reagiert extrem auf Veränderungen (Autoaggression, Nervosität usw.)

Der Hund kann sich nicht konzentrieren, lässt sich von kleinsten Veränderungen ablenken.

PSYCHISCHE SYMPTOME – MOTORISCHE STUFE

Der Hund zeigt, ähnlich wie beim Menschen, nervöse Ticks, wie wiederholtes Kratzen, Pfotenlecken, Schnappen ...

Der Hund wirkt müde und abgespannt, obwohl die Trainingseinheit erst begonnen hat. Ruhezeiten waren zu kurz oder der Hund konnte nicht wirklich entspannen.

LÖSUNGSANSATZ 1 – ZWÄNGE VERMEIDEN

Vermeiden Sie auf jeden Fall irgendwelchen Zwang. Wenn Ihr Hund den Hundeplatz nicht betreten möchte, ziehen Sie ihn bitte nicht mit Gewalt auf den Platz.

Suchen Sie neutrale Orte auf, an denen Ihr Hund bisher keine negativen Erfahrungen gemacht hat. Machen Sie

Ihrem Hund zuliebe eine „Hundeplatz-pause". Es ist sinnlos und Ihr Hund wird sich in Zukunft nur noch mehr weigern, den Platz zu betreten, wenn Sie ihn zwingen.

LÖSUNGSANSATZ 2 –
ERFOLGE SCHAFFEN

Verschaffen Sie Ihrem Hund viele Erfolge. Loben und belohnen Sie den Hund auch für ein einfaches „Sitz" oder „Platz" über-schwänglich.

Es hat in dieser Phase keinen großen Zweck, Neues vom Hund zu verlangen. Es kann Frust für Sie und den Hund bedeuten, wenn eine Übung überhaupt nicht funktionieren will.

LÖSUNGSANSATZ 3 –
WENIGER IST MEHR

Halten Sie die Übungseinheiten so kurz wie möglich. Überdenken Sie den Wochenplan Ihres Hundes. Ist es zu viel? Arbeiten Sie in zu vielen Bereichen mit Ihrem Hund? Versu-chen Sie herauszufinden, was Ihrem Hund wirklich Spaß macht.

BITTE BEACHTEN

Beobachten Sie Ihren Hund sehr gut. Arbeitsverweigerung, Konzentrations-schwächen oder die Weigerung, den Hundeplatz zu betreten, können auch körperliche Ursachen (Schmerzen, schlechte Erfahrungen, Gewalt) haben.

KURZ GEFASST
. . . .
- Beobachten Sie Ihren Hund genau
- Gründe definieren
- Individuelle Lösungen suchen
- Siehe auch Abschnitt „Entspannung lernen"
. . . .

Homöopathische Lösungs-vorschläge

ALUMINA

Der Hund ist niedergeschlagen und getrieben von Unruhe und Nervosität. Er leidet an unterdrückter Identität, und zwar so stark, dass er nicht mehr weiß, wer er wirklich ist. Er ist deshalb so ver-wirrt, weil jemand versucht hat, ihn zu etwas zu „formen", was er niemals sein kann. Es ist ein Besitzer, der den Hund ständig bevormundet oder ihn „gebro-chen" hat, um ihn dann wieder neu zu formen. Er leidet an einem Identitätsver-lust. Es kann dann zu richtigen Ausbrü-chen mit Gewaltattacken kommen.

ARSENICUM ALBUM

Der Hund wird von Unruhe getrieben und meint, er sei ständig auf der Flucht. Für Dunkelheit ist er sehr anfällig, denn er fürchtet diese. Er fühlt sich schwach und wehrlos, benötigt deshalb seinen Besit-zer, der dann in seiner Nähe sein muss. Aber er traut seinem Besitzer auch nicht so ganz. Jedoch hat er Angst, dass der Besitzer ihn verlassen könnte, und macht daher alles, damit er ihn nicht vergrault. Beim Lernen arbeitet er sehr gewissen-haft. Er ist auch sehr pedantisch, es muss alles an seinem Platz sein, denn er liebt Ordnung. Wenn er der Meinung ist, sein Körbchen und seine Decke sind nicht in Ordnung, bringt er es in Ordnung.

Auffällig ist, dass er sein Wasser oft in kleinen Mengen trinkt, aber dafür sehr häufig.

CHAMOMILLA

Nichts kann man ihm recht machen, er ist sehr oft gereizt, launisch und ruhelos. Er kann sehr höflich sein, aber will ständig Beachtung. Beim Arbeiten oder Lernen hat er das Gefühl, dass er gehorchen muss, protestiert aber dagegen. Wenn man dann nicht gegensteuert, kann es sein, dass er explodiert. Er wird dann unhöflich, auch gegenüber seinem Besitzer. Nun will er streiten und fängt an zu pöbeln. Er stört dann ständig die Hundegruppe, weil er zum Zanken aufgelegt ist. In diesem Zustand hat auch der Besitzer seine liebe Not, sein Hund lässt dann keinen mehr zu sich. Wenn dieser Zustand weitergeht und nicht behoben wird, dann wird er teilnahmslos, ja sogar hoffnungslos.

GELSEMIUM

Es ist ein geschwächter Hund. Ihm mangelt es an Willenskraft. Er zittert und will in Ruhe gelassen werden. Als Folgen von Kummer wird er nervös und überdreht. Die Beschwerden sind oft durch Aufregung ausgelöst. Vor schweren Aufgaben und Prüfungen wird er befangen und verliert seine Selbstsicherheit, die Beherrschung und sein inneres Gleichgewicht. Ich habe festgestellt, dass sie aber mutig ihre Prüfung ablegen und sich ihrer Angst stellen. Es steht in Büchern, dass er bei Prüfungen feige sei, das konnte ich bis jetzt nicht feststellen. Er meistert seine Aufgaben trotz seiner Angst so tapfer und so mutig, dass es einen rührt. Das Verlangen nach Halt in seinem „Rudel" ist ganz wichtig.

IGNATIA

Ständige wechselnde Stimmungen des Hundes und sein ewiges Winseln quälen oft den Hundehalter. Der Hund sucht auch immer jemanden, an den er sich klammern kann. Er ist voller widersprüchlicher Stimmungen, denn Kummer, Zorn und Enttäuschung verschmelzen zu einer inneren Anspannung, die sich entladen kann. Durch die Trennung von seiner geliebten Bezugsperson (oder einem Rudelmitglied) entsteht eine Trauer. Er ist sehr eifersüchtig und in seiner Panik unruhig, kann nicht liegen bleiben und ist ständig in Bewegung bis zur totalen Erschöpfung. Auch dann will er sich nicht hinlegen.

Der Ignatia-Hund ist sehr emotional. Es ist ein nervöser Hund und hat eine leicht erregbare Natur. Auf dem Hundeplatz hat er eine sehr rasche Auffassungsgabe und lernt sehr schnell. Er setzt das Gelernte auch schnell um.

KALIUM PHOSPHORICUM

Er ist ein schüchterner, zaghafter und nervöser Hund. Die leichteste Aufgabe erscheint ihm unlösbar. Die Nervosität entsteht durch die Angst, die Aufgaben, die ihm gestellt werden, nicht lösen zu können. Dadurch überanstrengt sich der Hund sehr und wird reizbar. Durch einen Schock kann er sehr verunsichert sein und er traut sich nichts mehr zu. Der Besitzer liebt seinen Hund und versucht, ihm alles recht zu machen, aber der Hund meint ständig, nicht geliebt zu werden. Beschwerden werden also durch Fürsorge und Sorgen um den Hund ausgelöst.

Auffällig ist, dass der Hund leicht friert.

KURZ GEFASST

- Alumina, ist der typische „gebrochene" Hund
- Arsenicum album, er ist immer auf der Flucht
- Chamomilla, ist zwar nett, will aber immer beachtet werden und man kann es ihm nicht recht machen
- Gelsemium, ist nervös aus Folge von Kummer

NUX VOMICA

Übermütiger nervöser Hund. Er bekommt Durchfall, der meistens durch Angst oder Nervosität ausgelöst wurde. Der Alltag wird durch Hektik bestimmt und dadurch lebt er in einer Dauergereiztheit. Perfektionismus prägt diesen Hund, er ist eifrig, ehrgeizig, eifersüchtig und ungeduldig. Er kann böse werden und lässt seinem Zorn auch freien Lauf. Beim Arbeiten ist er so perfekt, er löst seine Aufgabe mit allen ihm zur Verfügung stehenden Mitteln.

STAPHISAGRIA

Staphisagria gibt man, wenn die Nervosität von Stress und Kummer ausgelöst wurde. Dieser Hund ist krankhaft empfindlich. Diese Empfindlichkeit ist sehr tief greifend und auch sehr ausdauernd. Er ist sehr nachtragend. Fehler des Besitzers im Umgang mit ihm werden dauerhaft übel genommen. Es dauert lange, den Hund vom Gegenteil zu überzeugen. Man könnte glauben, dass der Hund eine übersteigere Vorstellung von seiner Ehre und Würde hat. Über ihn lachen, wenn er sich mal dümmlich verhält, bringt ihn aus der Fassung. Wenn das Verletzen der Ehre und Würde nicht aufhört, wird es dem Hund zu viel und er verliert die Beherrschung. Wenn das passiert, kommt sein unterdrückter Zorn zum Vorschein.

VALERIANA OFFICINALIS

Er hat Angst vor dem Alleinsein und vor der Dunkelheit. Wenn er das Gefühl hat, dass er nicht beachtet wird, kann er sich sehr aufregen. Will seine Enttäuschungen und Verletzungen nicht tolerieren und reagiert sehr heftig darauf, was oft in einem hysterischen Anfall enden kann. Er ist auch schnell enttäuscht und braucht ganz viel Lob vom Besitzer. Mir fällt öfter auf, dass sich die Hunde in diesem „Anfall" sehr häufig räuspern, als ob der Hals zugeschnürt ist. Sie vertragen darum auch kein enges Halsband. Leidet auch häufig unter Schlafstörungen.

ZINCUM METALLICUM

Der Hund ist wohlerzogen. Aber er meint, das er ständig angegriffen wird und sich verteidigen muss. Er lebt in einer ständigen Anspannung, dadurch leidet sein Nervensystem. Diese Angst macht ihn wachsam, angespannt und nervös. Der kleinste Anlass erregt sein Nervensystem. Nach der Reizbarkeitsphase und der Ruhelosigkeit kann er in ein anderes Extrem verfallen und wird vollkommen stumpfsinnig und absolut schlaff. Er ist dann nicht zu motivieren, seine Aufgaben zu erfüllen. Im Gegenteil, man hat das Gefühl, er bricht vor Erschöpfung zusammen.

Alternativen zu Globuli

BACHBLÜTEN

Cherry Plum – ist hyperaktiv und es fällt ihm schwer, innerlich loszulassen. Es kann zu Temperamentsausbrüchen kommen.

Elm – bei vertrauten Übungen und auch Tagesabläufen verhält er sich nervös oder zeigt eine rasche Ermüdung.

Hornbeam – gibt man bei mentaler Überforderung, der Hund kann immer nur eine Aufgabe übernehmen.

Impatiens – ist die Geduldsblüte. Der Hund ist ungeduldig, hektisch und kann sich nur schlecht entspannen.

Vervain – für überaktive, begeisterungsfähige Hunde, die im Eifer ihren Körper ausbeuten.

SCHÜSSLER-SALZE

Ferrum phosphoricum Nr. 3 – hilft beim Abbau von Stress und unterstützt die Aufmerksamkeit und Konzentration.

Kalium phosphoricum Nr. 5 – gilt als das Salz der Nerven und hilft bei Stressabbau.

Magnesium phosphoricum Nr. 7 – löst die Verspannungen und der Hund kann besser schlafen.

ENTSPANNEN DURCH DÜFTE

Ätherische Öle können bei der Entspannung zusätzlich helfen. Sie sorgen für Wohlbefinden und Gelassenheit. Bitte aber nur naturreines Öl verwenden, denn Öle, die das Wort „ätherisch" nicht enthalten, sollte man lieber nicht verwenden.

Kamille – ist ein beruhigendes und entspannendes Öl. Man kann aber auch einen Tee ansetzen und ihn neben das Trinkwasser hinstellen. In meiner Praxis habe ich schon oft festgestellt, dass der Hund es trinkt, wenn er es braucht. Wenn er es nicht trinkt, hat er keinen Bedarf.

Lavendel – sorgt für Entspannung und Ausgeglichenheit. Der Hund schläft entspannter und ruhiger, da die körperlichen Anspannungen gelöst werden.

Melisse – ist ein altes bewährtes Hausmittel. Der Hund hat nervöse Verspannungen und Stress, die in Schlafstörungen und Depressionen enden. Melisse hilft, den Körper und Geist wieder ins Gleichgewicht zu bekommen.

Bergamotte – hilft bei Hunden, die beim Autofahren überhaupt nicht zur Ruhe kommen. Man träufelt das Öl auf einen Stoff und legt es in die Nähe des Hundes. Es wirkt sehr harmonisierend.

KURZ GEFASST

· ·

- Nux vomica, der Alltag wird durch Hektik bestimmt
- Valeriana officinalis, toleriert Enttäuschungen nicht und reagiert auch heftig darauf
- Zincum metallicum, lebt in einer ständigen Anspannung
- Duftöle können zusätzlich zur Entspannung beitragen

· ·

Konzentration lernen

Immer wieder erlebe ich in der Praxisarbeit Hunde, die es verlernt haben, sich zu konzentrieren. Dabei ist Konzentration ein wichtiger Grundcharakterzug aller Hunde.

ANGEBORENE KONZENTRATION
Die Wolfsgruppe bündelt die ganze Aufmerksamkeit ausnahmslos auf ein Beutetier in der verfolgten großen Herde. Hochkonzentriert „sprechen" sie sich bei der Jagd ab.

Der Irish Setter steht konzentriert vor dem Hasen. Er lässt sich durch nichts ablenken.

Border Collies legen ihre gesamte Aufmerksamkeit auf die Hör- und Sichtzeichen des Schäfers. Sie dürfen sich bei der Arbeit durch nichts von ihrer Konzentration ablenken lassen.

Allen Canidenartigen ist also eine hohe Konzentrationsfähigkeit angeboren. Der Wolf oder Fuchs würde sonst verhungern. Unsere Hunde würden sich nicht dazu eigenen, mit uns zusammenzuarbeiten, könnten sie sich nicht auf uns konzentrieren.

ABERZOGENE KONZENTRATIONSFÄHIGKEIT
Es ist wie so oft der Mensch, der Hunde dazu erzieht, diese Konzentrationsfähigkeit zu verlieren. Alles muss schnell gehen. Funktioniert eine Übung nicht gleich, wird sofort eine andere begonnen.

Vom Halter werden zu große Erwartungen an den Hund gestellt oder der Hund wird maßlos unterschätzt.

Fordern Sie die Konzentration Ihrer Hunde auch mal während des Spaziergangs ein.

Bis Sie die Hunde wieder freigeben, sollen sie die Konzentration halten.

Der Halter gibt dem Hund zu wenig Zeit. Wie heißt es so schön: „Rom wurde nicht an einem Tag erbaut.“

Geben Sie Ihrem Hund die Möglichkeit, darüber nachzudenken, was er tun soll. Es gibt Hunde, bei denen es einfach einen Moment länger dauert. Unterbrechen Sie Ihren Hund nicht in seiner Konzentration. Er lernt nur, dass sich Konzentration über einen längeren Zeitraum nicht lohnt.

LÖSUNGSANSATZ 1 – RUHE

Schaffen Sie eine ruhige, entspannte und positive Grundstimmung. Vermeiden Sie zu starke Ablenkungen. Dreht Ihr Hund sofort hoch, wenn er merkt, dass Sie mit ihm arbeiten wollen, brechen Sie ab und versuchen Sie es später noch einmal.

Bringen Sie Ihren Hund in eine Ruheposition wie „Sitz“ oder „Platz“. Bestehen Sie darauf, dass Ihr Hund in dieser Position bleibt.

LÖSUNGSANSATZ 2 – ZEIT

Wie schon erwähnt, muss heute alles oftmals viel zu schnell gehen. Setzt sich der Welpe oder Junghund beim ersten Kommando „Sitz“ nicht gleich hin, wird ein Leckerchen vor die Nase gehalten oder der Hund am Hinterteil nach unten gedrückt.

Sie werden nervös, der Hund wird nervös, die Konzentration beim Hund und bei Ihnen ist weg. Der Hund geht in ein Meideverhalten, weil er sich frustriert und bedrängt fühlt.

Geben Sie dem Hund doch einfach mehr Zeit. Warten Sie doch einfach einmal ab, was Ihnen Ihr Hund anbietet.

In fast allen Fällen wird sich der Hund ganz von alleine hinsetzen oder hinlegen, bekommt er genügend Zeit zum Denken.

LÖSUNGSANSATZ 3 – GEDULD

Üben Sie sich in Geduld. Ein neuer Trick, auch „Sitz“ ist für den Hund nur ein Trick, kann nicht immer gleich funktionieren. An dem Trick „Nase putzen“ habe ich mit meinem Collie vier Jahre geübt, bis er endlich klappte.

LÖSUNGSANSATZ 4 – MOTIVATION

Konzentrationsfähigkeit ist eng mit Motivation verbunden. Wenn Sie sofort ein Leckerchen aus der Tasche ziehen, wenn „Sitz“ nicht gleich funktioniert, wird sich der Hund mit ziemlicher Sicherheit dieses Leckerchen abholen, seine Konzentration aber sofort von Ihnen abwenden, wenn Sie kein Leckerchen mehr in der Hand haben.

Erhalten Sie die Motivation des Hundes aufrecht, sich auf Sie zu konzentrieren. Nehmen Sie nie ein Leckerchen in die Hand. Bleiben Sie für den Hund spannend. Auf einen neuen, spannenden Krimi müssen Sie sich auch besser konzentrieren als auf einen, dessen Ende Sie schon kennen.

Einfache und effektive Konzentrationsübungen finden Sie im Buch „Mein Einstein auf vier Pfoten“.

BITTE BEACHTEN

Denken Sie bitte daran, dass sich ein Welpe noch nicht so lange konzentrieren kann wie ein erwachsener Hund oder ein Hund, der schon in der Ausbildung ist. Mit Ihrem Welpen sollten Sie keinesfalls länger als 5-Minuten-Einheiten arbeiten.

KURZ GEFASST

· ·

- Konzentration ist Hunden eigentlich angeboren
- Durch Ungeduld wird Konzentrationsfähigkeit aberzogen
- Geben Sie Ihrem Hund genug Zeit
- Achten Sie auf Alter und Gesundheitszustand des Hundes

· ·

Homöopathische Lösungsvorschläge

AGARICUS MUSCARIUS

Dieser Hund bellt auffällig viel und ist auch sehr furchtlos. Er ist geistig und körperlich oft plump und ungeschickt. Morgens ist der Bewegungsdrang oft stärker, abends verbessert sich aber dieser Drang. Man kann abends mit diesen Hunden besser arbeiten, da sie ruhiger sind. Bei Tadel und Kritik verwirrt man den Hund, da er nicht weiß, ob es nun richtig oder falsch ist, was er macht. Sein Verhalten wird dadurch sehr widersprüchlich – man kann ihn nicht einschätzen. Seine Stimmung schwankt zwischen Melancholie bis zur Wut und Aggression.

ANACARDIUM ORIENTALE

Man hat das Gefühl, dass man diesem Hund jeden Tag alles wieder neu lehren muss. Was ist „Sitz", „Platz" oder „Bleib". Irgendwie vergisst er es von einem Tag auf den anderen. Es ist ein braver und folgsamer Hund. Selbstvertrauen hat er keines, was mit falscher und zu strenger Erziehung immer schlimmer wird. In dieser Situation wird er fahrig und nervös. Dann kann er auch böse und gewalttätig

werden, er wird dann stur und zieht sich in sich zurück. Wenn man ihn überfordert, muss er an die frische Luft, um Dampf abzulassen, denn Bewegung hilft ihm, wieder ausgeglichen zu werden.

ARNICA

Der Hund ist geistesabwesend und leidet unter Konzentrationsschwäche. Er lässt sich von allem ablenken, alles ist interessanter. Das Leben ist für diesen Hund sehr schwer, jedes seelische und körperliche Trauma wird verinnerlicht. Nichts fürchtet er mehr als neue Verletzungen psychischer und physischer Art. Das Schlimme ist, dass er diesen Schmerz nicht zeigt, was es für den Hundehalter schwierig macht, ihm zu helfen. Er baut eine starke und unverletzliche Fassade auf und weicht auch immer aus. In meiner Praxis hab ich oft festgestellt, dass er sich wirklich nicht anfassen lassen will, auch nicht vom Halter, man kann ihn nur streicheln, wenn er nicht ausweichen kann. Man merkt aber an seiner Körperhaltung, dass ihm das schrecklich unangenehm ist.

BARIUM CARBONICUM

Körperlich und geistig ist er in seiner Entwicklung verzögert, ist unentschlossen und schüchtern. Wenn Besuch kommt, zieht sich der Hund zurück und hat eine Abneigung gegen Fremde. Er bleibt lieber in seiner gewohnten Umgebung. In der Öffentlichkeit ist er sehr unsicher und nervös und sucht Schutz bei seinem Besitzer. Geräusche lassen ihn schnell erschrecken. Mit Artgenossen ist er friedlich und hat sogar eine Aggressionshemmung.

CARBO VEGETABILIS

Er ist geprägt von Apathie und Gleich-
mütigkeit, großer Erschöpfung und
Schwäche. Man kann ihn sehr schlecht
motivieren, denn er hat einen trägen
Geist und ist faul. Er erscheint oft depri-
miert und das Verhalten gegenüber der
Familie ist oft gereizt und unhöflich. Er
macht oft den Eindruck, dass der Besitzer ihm vollkommen egal ist.

Obwohl man selbst nichts hört, ist er
schreckhaft und zuckt oft zusammen.

GELSEMIUM

Es ist ein geschwächter Hund. Ihm mangelt es an Willenskraft. Er zittert und will
in Ruhe gelassen werden. Nervös und
überdreht ist dieser Hund, es sind Folgen
von Kummer. Die Beschwerden sind oft
durch Aufregung ausgelöst. Vor schweren Aufgaben und Prüfungen wird er
befangen und verliert seine Selbstsicherheit, die Beherrschung und sein inneres
Gleichgewicht. Ich habe festgestellt,
dass sie aber mutig ihre Prüfung ablegen
und sich ihrer Angst stellen. Es steht in
Büchern, dass er bei Prüfungen feige sei,
das konnte ich bis jetzt nicht feststellen.
Er meistert seine Aufgaben trotz seiner
Angst so tapfer und so mutig, dass es
einen rührt. Das Verlangen nach Halt bei
seinem „Rudel" ist ganz wichtig.

GRAPHITES

Die krampfartigen Magenschmerzen
werden durch Fressen gebessert. Heißhunger und Appetitlosigkeit wechseln
sich ab. Der Hund erbricht saure Flüssigkeiten und hat einen fauligen Mundgeruch. Hat übel riechende Winde und
starke Bauchgeräusche.

Es ist ein gutmütiger, selten missmutiger Hund. Gemütlichkeit steht an
erster Stelle. Er reagiert sehr empfindlich
auf scharfe Ansprachen und fällt in ein
Meideverhalten. Auf dem Hundeplatz ist
er sehr konzentriert, hat aber Schwierigkeiten, sich länger zu konzentrieren. Hat
keine große Lust an Spielen.

KURZ GEFASST

· ·

- Anacardium, vergisst alles wieder von
  einem Tag auf den anderen
- Arnica, ist geistesabwesend und hat
  Konzentrationsprobleme
- Gelsemium, verliert bei Prüfungen
  seine Selbstsicherheit
- Graphites, kann sich nicht lange kon-
  zentrieren

· ·

HAMAMELIS VIRGINICA

Hat keine Neigung, etwas zu lernen oder
zu arbeiten. Er nimmt dabei seinen Besitzer nicht wahr und wendet sich ab. Er
ist der Meinung, es müssen ihm alle die
nötige Ehre erweisen. Deshalb darf man
diesen Hund niemals verspotten oder
über ihn lachen, denn er nimmt das wirklich sehr übel und wird dadurch reizbar. Er
ist ein ausgesprochen temperamentvoller
Hund, wenn er nicht lernen muss.

LYCOPODIUM

Hat kein Vertrauen zu seinen eigenen
Kräften, durch sein fehlendes Vertrauen
verhält er sich sehr oft aggressiv und
spielt sich auf. Er wirkt oft überheblich
und ist griesgrämig und launisch. Geistig ist er sehr rege, hat aber Konzentrationsprobleme. Körperlich ist er sehr

schnell müde. Er ist ein absoluter Morgenmuffel, der in der Früh nicht so zeitig Gassi gehen will. Will man ihn zu einer Aktion zwingen, reagiert er oft aggressiv, beißt aber nicht, sondern warnt mit Knurren. Benötigt eine Distanzgrenze. Eine schlechte Behandlung oder eine körperliche Misshandlung vergisst er nie. Braucht einen selbstbewussten Hundehalter, denn er ist sehr schwer zu erziehen. Schreckt auch nicht davor zurück, dem Besitzer zu drohen. Er hat auch oft Probleme mit Artgenossen und Angst vor Männern.

NUX VOMICA

Schon als Welpe ist er wagemutig, frech und hat ein feuriges Temperament.

Er ist sehr reizbar und geprägt von Härte, Eifer, Ehrgeiz und Ungeduld. Er leidet unter starkem innerem Druck. Er hat große Konzentrationsprobleme, so kann er auch das Gelernte nicht behalten. Dadurch baut sich Stress auf. Der Besitzer merkt dieses Dilemma oft nicht. Der Hund kann aber auch nicht aufhören zu arbeiten, was das Ganze noch verschlimmert. Durch seine Eifersucht kann er böswillig werden und lässt seinem Zorn oft freien Lauf. Geräusche können Autoaggression auslösen und er will dann nicht berührt werden.

MANDRAGORA E RADICE

Man kann den Hund total verunsichern, wenn man ihn zurückweist. Er sucht ständig Kontakt zu seinem Besitzer und will auch den ganzen Tag mit dabei sein. Vor Gewalt hat er Angst. In der Dunkelheit ist er sehr ängstlich, und wenn der Besitzer seine Signale nicht versteht, dann wird er sehr reizbar.

Alternativen zu Globuli

BACHBLÜTEN

Agrimony – lässt sich gerne ablenken. Innere Unruhe hinter einer Fassade von Fröhlichkeit.

Crab Apple – bringt seine Aufgaben nicht zu Ende und verzettelt sich. Er ist ein Tagträumer.

Gentian – steigert die Ausdauer. Häufige Probleme, weil oft ein ständiger Besitzerwechsel voranging.

Scleranthus – bei Konzentrationsproblemen in Zusammenhang mit Trauma. Innerlich unausgeglichen.

SCHÜSSLER-SALZE

Ferrum phosphoricum Nr. 3 – hilft beim Abbau von Stress und unterstützt die Aufmerksamkeit und Konzentration.

Kalium phosphoricum Nr. 5 – gilt als das Salz der Nerven und hilft bei der Konzentration.

Kalium bromatum Nr. 14 – nimmt man bei Konzentrationsstörung und allgemeiner Schwäche.

KURZ GEFASST

- Hamamelis, hat keine Neigung etwas zu lernen
- Lycopodium, hat kein Vertrauen zu seinen eigenen Kräften
- Nux vomica, kann das Gelernte nicht behalten
- Mandragora e radice, Verunsicherung durch Zurückweisung

UNRUHE

Unruhige Vierbeiner

Klären Sie im Vorfeld unbedingt ab, ob die Unruhe Ihres Hundes eventuell eine medizinische Ursache hat.

Psychische Auslöser

Psychische Unruheauslöser hängen eng mit den schon besprochenen Themen „Angst", „Autoaggression", „Übersteigerter Bewegungsdrang" und „Burn-out" zusammen.

Psychische Auslöser können sein:
> Stress durch tägliche Hektik und „Termindruck". Ein Zuviel an Beschäftigung und/oder Bewegung
> Überforderung des Hundes. Der Hund kann Aufgaben nicht lösen, die Aufgabe entspricht nicht dem Grundcharakter des Hundes.
> Reizüberflutung oder eine zu reizarme Umgebung. Zu viel Hektik zu Hause, der Hund hat keinen gesicherten Rückzugsort.
> belastende Ereignisse wie Misshandlungen, Nahrungsmangel oder keine Sozialkontakte

Das Symptomspektrum ist breit gefächert und kann von Appetitlosigkeit über Fressattacken, Schlaflosigkeit, ständiges Herumlaufen bis hin zu Aggressionen reichen.

Medizinische Auslöser

Bitte klären Sie vor einem Training mit Ihrem Tierarzt einen möglichen medizinischen Grund für die Unruhe Ihres Hundes genauestens ab. Hier sollte großes Augenmerk auf den Hormonstatus des Hundes gelegt werden.

Nicht bedacht wird oft, dass falsche Fütterung ebenfalls zu Unruhe führen kann. Meist liegt es daran, dass zu proteinreiches Futter gegeben wird. Proteine sind reine Energie, sozusagen die „Atombrennstäbe" des Körpers. Bekommt der Organismus zu viel Protein, das nicht durch Sport oder Bewegungen abgebaut werden kann, resultiert dies in einer nicht definierbaren Unruhe.

Anerzogene Unruhe

Lesen Sie dazu auch im vorigen Kapitel im Abschnitt „Übersteigerter Bewegungsdrang". Wobei hier weniger das Hormon Adrenalin eine Rolle spielt. Anerzogene Unruhe entsteht vielmehr aus einem Zuviel an Beschäftigung oder zu hohen Erwartungen an den Hund.

Häufig betroffen sind ebenfalls sogenannte Bürohunde, denen keine Rückzugsmöglichkeit geboten wird. Vor allem Büros oder Geschäfte mit regem Publikumsverkehr halten den Hund in ständiger „Hab-Acht-Stellung". Der Hund sieht sich ständig dazu veranlasst aufzupassen. Auch das oftmals als niedlich gesehene „Er-muss-jedem-guten-Tag-Sagen", kann in extreme Unruhe ausufern.

LÖSUNGSANSATZ 1 –
PSYCHISCHE AUSLÖSER
Überdenken Sie Ihren Tagesablauf.

Machen Sie einen Check-up, was Sie täglich mit Ihrem Hund machen. Verwenden Sie die Checklisten.

Kann es eventuell sein, dass Sie Ihrem Hund zu viel bieten möchten? Kann es sein, dass Ihr Hund den Aufgaben nicht gewachsen ist und so immer wieder frustriert wird?

Oder kann es sein, dass Sie Ihrem Hund zu wenig an Abwechslung bieten? Wird Ihr Hund vielleicht nicht seinen Fähigkeiten gemäß gefördert und gefordert?

LÖSUNGSANSATZ 2 – MEDIZINISCHE AUSLÖSER

Ziehen Sie einen Tierarzt zurate. Schließen Sie organische Gründe aus. Lassen Sie durch einen Bluttest den Hormonstatus Ihres Hundes feststellen. Läufigkeit bei Hündinnen oder ständig unterdrückter Sexualtrieb beim unkastrierten Rüden können Unruhe auslösen.

Besuchen Sie eine Futterberatung. Verringern Sie bei der Fütterung die Proteine.

LÖSUNGSANSATZ 3 – ANERZOGENE AUSLÖSER

Gehen Sie am Anfang wie bei Lösungsansatz 1 vor.

Falls Ihr Hund Sie ins Büro oder Geschäft begleitet, schaffen Sie einen Ruheort, an den er sich zurückziehen kann. Dieser Rückzugsort sollte so weit wie möglich vom täglichen Geschehen, also Türen oder Durchgangswegen, weg liegen, jedoch nicht so weit, dass Sie den Hund nicht mehr kontrollieren können.

KURZ GEFASST

· ·
- Überdenken Sie Ihren Tagesablauf
- Überfordern oder Unterfordern Sie Ihren Hund nicht
- Tierarzt zurate ziehen
- Schaffen Sie Ruheplätze
· ·

Bürohunde brauchen einen Rückzugsort, an dem sie zur Ruhe kommen können. Der Hund muss auch nicht jedem „Guten Tag" sagen.

Schreckhaftigkeit und Nervosität

Viele Zwerghunderassen sind vom Grundcharakter oft nervöser oder schreckhafter als andere Rassen. Körperliche Ursachen liegen hier in der Regel nicht zugrunde.

Ein ursprünglich „nur" schreckhafter Hund kann, wenn nicht trainiert wird, auf Dauer nervöse Beschwerden entwickeln. Es gibt Rassen, die empfindlicher auf Geräusche reagieren als andere. Gründe für erhöhte Schreckhaftigkeit können fehlerhafte Welpenprägung, reizarme Haltung oder ein empfindlicher Grundcharakter des Hundes sein. Auch Zwerghunderassen, wie z.B. Chihuahua und Pinscher, reagieren häufig nervöser auf Veränderungen.

Bei Schreckhaftigkeit, wenn die Ursachen nicht angstbedingt (siehe Kapitel „Angst") sind, arbeite ich gerne mit dem sogenannten Flooding. Das bedeutet, der Hund wird dem Schreckauslöser, in steigender Intensität, immer wieder ausgesetzt.

LÖSUNGSANSATZ 1 – AUGEN
Obwohl die Ursachen für Schreckhaftigkeit in der Regel nicht im medizinischen Bereich zu suchen sind, sollte ein Augentierarzt abklären, ob mit dem Sehvermögen des Hundes alles in Ordnung ist.

LÖSUNGSANSATZ 2 – OHREN
Auch schlechtes Hören kann der Grund für eine erhöhte Schreckhaftigkeit oder Nervosität sein. Machen Sie einen Hörtest mit Ihrem Hund.

Honey hat durch „Flooding" gelernt, dass es nicht schlimm ist, wenn etwas auf den Boden fällt, und bleibt entspannt in ihrem Bettchen liegen.

TRAININGSSCHRITT 1, WOCHE 1 – SCHRECKAUSLÖSER IN DER DISTANZ

Bestimmen Sie den Auslöser, der bei Ihrem Hund die Schreckhaftigkeit auslöst. Meist sind es Klappergeräusche, Rasseln, Klimpern oder wenn etwas auf den Boden fällt.

Bereiten Sie einige ausgewaschene 100-g-Joghurtbecher, eine kleine Dose (ausgewaschene Cremedose), in der zwei kleine Münzen sind, einen Schlüsselbund mit nur zwei kleinen Schlüsseln daran oder eine kleine Flasche, in der zwei kleine Münzen oder Steinchen sind, vor. Diese Gegenstände verteilen sie nun an unterschiedlichen Stellen im Haus oder der Wohnung.

Immer wenn Sie an so einem Gegenstand vorbeigehen, fällt dieser runter und bleibt dort auch erst mal liegen. Am Anfang ist Ihr Hund bitte nicht in der Nähe dieses Gegenstandes. Es reicht, wenn er hört, dass da etwas herunterfällt.

Arbeiten Sie **nicht** mit Leckerchen. Nehmen Sie **keinen** Kontakt mit dem Hund auf. Den Hund weder ansehen noch ansprechen und auch nicht anfassen. Ignorieren Sie Ihren Hund.

Es ist schlicht und einfach völlig **normal**, dass Ihnen ständig etwas herunterfällt.

TRAININGSSCHRITT 2, WOCHE 2 – NÄHER HERAN

Verringern Sie nun langsam den Abstand des fallenden Gegenstandes zum Hund. Die Distanz sollte ganz langsam verringert werden. Achten Sie auf jeden Fall darauf, dass der Gegenstand den Hund nicht berührt. Der leere Joghurtbecher darf dem Hund nicht auf den Kopf fallen.

Die Gegenstände können nun auch langsam etwas größer werden. Der Joghurtbecher ist nun ein 500-g-Becher oder wird durch eine kleine Plastikschüssel ersetzt. Die Dose wird größer und mit mehr klappernden Gegenständen gefüllt. An den Schlüsselbund kommen weitere Schlüssel usw.

Auch jetzt verhalten Sie sich so, als wäre überhaupt nichts gewesen. Fällt der Gegenstand herunter, tun Sie so, als wäre dies nie passiert. Heben Sie den Gegenstand nicht sofort wieder auf. Der Hund wird komplett ignoriert.

TRAININGSSCHRITT 3, WOCHE 3 – NEBEN DEM HUND

Erträgt Ihr Hund nun, dass der Gegenstand in einem gewissen Abstand zu ihm auf den Boden fällt, rückt der Schreckauslöser Ihrem Hund immer näher „auf den Pelz".

Ihr Hund darf den Kopf heben, er sollte jedoch ansonsten entspannt liegen bleiben.

BITTE BEACHTEN

Arbeiten Sie bitte in kleinen Schritten mit Ihrem Hund. Ein zu schnelles Vorgehen kann aufwendige Korrekturarbeit bedeuten. Flooding hat nichts mit Zwang zu tun. Geben Sie Ihrem Hund genügend Zeit.

KURZ GEFASST

· ·
- Mögliche medizinische Ursachen abklären
- Langsam an Schreckauslöser gewöhnen
· ·

Unruhe aus der Sicht des Tierheilpraktikers

Unruhe belastet die Gesundheit des Hundes. Sie schwächt das Immunsystem und das Herz-Kreislauf-System und es entstehen schließlich chronische Krankheiten.

BEISPIEL AUS DER PRAXIS: HEKTOR, 9 JAHRE, MÜNSTERLÄNDER-MISCHLING

Von der Vorgeschichte ist leider nichts bekannt. Hektor kommt von einer Auffangstation aus Spanien. Dort wurde er mit einem Jahr abgegeben und lebte dann vier Jahre lang in einer Rudelhaltung. Mit fünf Jahren kam er zu seinem neuen Besitzer nach Deutschland. Hektor war von Anfang an schwierig. In seinem neuen Zuhause versuchte er sofort, bei jeder sich bietenden Möglichkeit zu fliehen. Jeder Fehler der Besitzer wurde genutzt, er war ein richtiger Ausbruchskünstler. Wenn Herrli das Haus verlassen musste, geriet Hektor in eine totale Panik. Es wurde gebellt, nervös und unruhig hin und her gelaufen. Türen, die verschlossen waren, wurden zerkratzt bei dem Versuch, wieder zu fliehen. Er sprang an das Fensterbrett und schaute bellend und heulend dem Herrli hinterher. Er konnte nur dann zur Ruhe kommen, wenn er von seinem Frauli immer wieder an den Platz geschickt wurde bzw. es kam auch oft die Leine zum Einsatz, um ihn ruhigzustellen. Dass beide Besitzer das Haus verlassen, war überhaupt nicht möglich, denn das verschlimmerte alles wesentlich.

Beim Gassigehen ist er immer an der Schleppleine, da die kleinsten Dinge in ihn Panik versetzen. (Wenn er merkt, dass die Leine weg ist, flieht er und lässt sich nicht mehr einfangen. Wenn man ihn dann berühren wollte, würde er beißen.) Die Geräusche von Autos, Motorrädern usw. verunsichern ihn total. Interessant ist, dass man mit ihm ohne Probleme durch Menschenmengen gehen kann. Aber wenn beim Gassigehen eine einzelne Person auf ihn zukommt, bringt ihn das aus der Fassung. Auch innerhalb eines großen Rudels hat er keine Probleme. Kommt ihm aber ein einzelner Hund entgegen, dann pöbelt er vollkommen verunsichert herum. In diesen Situationen würde er auch in einer kopflosen Raserei zubeißen.

Hektor erhielt am Anfang Aconitum C30 gegen Schock, weil dieses Mittel wegen des Aufenthalts im Auffanglager und des Flugs nach Deutschland geeignet erschien. Da aber dann die Trennungsangst zu den Besitzern dazukam, wurde er mit Ignatia C30 behandelt. Es half schon, aber es reichte noch nicht ganz aus.

Da wir die gesamten Probleme von Hektor von Anfang an nicht kannten, war es schwierig, gleich das Mittel zu finden, das ihm helfen konnte.

Im Moment wird er mit Lyssinum C30 behandelt. Seit dieser Zeit verändert Hektor sein Verhalten.

MEDIZINISCHE URSACHEN

Eine Ursache können Schmerzen in den Organen oder im Bewegungsapparat sein.

Auch Unterzucker kann diese Unruhe auslösen, egal welchen Grund dieser Unterzucker hat.

Niedriger Blutdruck führt zur Verminderung der Gewebsdurchblutung und dadurch wird die Sauerstoffversorgung herabgesetzt.

Herz-Kreislauf-Probleme müssen ebenfalls abgeklärt werden.

Bei Schilddrüsenproblemen findet eine Überproduktion der Hormone statt. Diese beschleunigen den Stoffwechsel.

Sonnenstich, Hitzschlag und Schock gehören ebenfalls zu den Auslösern der Unruhe.

Die medizinischen Ursachen müssen vor einer Behandlung von einem Fachmann abgeklärt werden.

Nerven stärken

Egal, welche Ausbildung Sie mit Ihrem Hund anstreben, starke Nerven sind immer von Vorteil. Auch der Familienhund sollte Nervenstärke zeigen.

In bestimmten Bereichen der Hundeausbildung ist ein starkes Nervenkostüm des Hundes eine der wichtigsten Eigenschaften. Vor allem wenn Sie später eventuell mit Kindern oder Senioren arbeiten möchten, sollte Ihr Hund auf diese Aufgabe gut vorbereitet werden.

Es gibt Rassen, die genetisch bedingt über eine höhere Reizschwelle verfügen als andere. Als sehr nervenstark gelten z. B. Rottweiler und die britischen Terrier-Rassen, wie z. B. der Bull Terrier. In Großbritannien gelten vor allem Staffordshire Bull Terrier als sogenannte Nannydogs. Ihre Aufgabe ist es, auf Haus und Kinder aufzupassen.

Leider werden diese Hunderassen fälschlicherweise noch immer stigmatisiert. Der Mensch ist schuld, wenn ein Hund auffällig wird. Ein sozial auffälliger Hund kann jeder Rasse angehören.

THERAPIEHUND

Der Therapiehund muss anders arbeiten als z. B. ein Besuchshund. Der Therapiehund muss aktiv auf Bewohner und Patienten zugehen, die Senioren oder Patienten selbstständig zu Aktionen auffordern und motivieren.

SCHULHUND

Schulhunde besuchen Schulklassen oder sind während des gesamten Unterrichts anwesend. Diese Hunde sollten auch unter großer Ablenkung zuverlässig an dem ihm zugewiesenen Ort liegen bleiben und vor allem nicht selbstständig Schulranzen untersuchen.

BLINDENFÜHRHUNDE, ASSISTENZHUNDE, WARNHUNDE

Sogenannte Warnhunde werden z. B. bei an Epilepsie erkrankten Menschen eingesetzt. Auch in Stresssituationen muss der Hund auf seinen Halter fokussiert sein.

Blindenführhunde und Assistenzhunde können in Situationen geraten, die große Nervenstärke voraussetzen, z. B. an Bahnhöfen oder in Fußgängerzonen.

LÖSUNGSANSATZ 1 – KONSTITUTIONSMITTEL

Suchen Sie in Zusammenarbeit mit Ihrem Tierheilpraktiker das Konstitutionsmittel für Ihren Hund. Es stärkt den Hund oft schon im Vorfeld und ist eine gute Vorbereitung auf das weitere Training.

**LÖSUNGSANSATZ 2 –
GESUNDHEITSCHECK**

Unterziehen Sie Ihren Hund einem ausführlichen Gesundheitscheck. Vor allem auf skelettale Probleme sollte großes Augenmerk gelegt werden. Schmerzen können das Nervenkostüm Ihres Hundes negativ beeinflussen.

**TRAININGSSCHRITT 1, WOCHE 1 –
SITUATIONEN TRAINIEREN**

Die hier beschriebenen Trainingsschritte können auch beim sogenannten Familienhund gemacht werden. Passen Sie die jeweiligen Situationen an Ihre individuellen Bedürfnisse an.

Auch im Bereich der Nervenstärkung arbeite ich sehr gerne mit Flooding, wobei Sie Ihren Hund hier aktiver unterstützen sollten als im Thema „Schreckhaftigkeit" (siehe vorherigen Abschnitt).

Besuchen Sie die Einrichtungen, in denen Ihr Therapiehund später arbeiten soll. Nehmen Sie vorerst nur Kontakt zu Bewohnern und Patienten auf, die für den Hund nicht zu anstrengend sein könnten. Am Anfang nicht länger als 5–10 Minuten.

Schul- oder Kindergartenhunde können vorbereitet werden, indem man sich erst mal nur am Eingang aufhält, wenn die Kinder gebracht oder abgeholt werden. Wählen Sie eine Distanz, die der Hund sehr gut ertragen kann.

Nehmen Sie Ihren Service- oder Warnhund mit an Bushaltestellen, Bahnhöfe und Fußgängerzonen. Wählen Sie dazu anfangs nicht die großen Stoßzeiten mit Berufsverkehr.

Überlassen Sie Ihren Hund zunächst so lange wie möglich sich selbst. Greifen

Sie nicht zu früh ein, wenn Ihr Hund Schreck- oder Meideverhalten zeigt. Bleiben Sie selbst ruhig und souverän. Belohnen Sie Ihren Hund, wenn er sich so verhält, wie Sie es möchten. Sprechen Sie nicht zu viel mit ihm. Das kommentarlose Geben einer Belohnung reicht völlig aus.

Erst wenn Ihr Hund anfängt, stark zu hecheln, ständig gähnt, die Rute einklemmt oder offensichtlich aus der Situation heraus möchte, verlassen Sie ohne Hektik den Ort.

**TRAININGSSCHRITT 2, WOCHE 2 –
ZEITEN ERHÖHEN**

Während Sie anfangs den Hund maximal 5–10 Minuten in nervlich anspannende Situationen bringen, wird nun die Verweildauer langsam erhöht. Belohnen Sie Ihren Hund immer wieder, wenn er sich ruhig, selbstsicher und souverän verhält.

Beobachten Sie Ihren Hund genauestens. Wenn er die oben erwähnten Stresssymptome zeigt, nehmen Sie ihn aus der Situation heraus.

**TRAININGSSCHRITT 3, WOCHE 3 –
AKTIV WERDEN**

In dieser dritten Phase beginnt in der Regel die praktische Ausbildung. Je nach gewünschter Ausbildungsrichtung stellen Sie Ihren Hund nun auch Patienten vor, die unruhiger sind. Die Besuche von Bahnhof und Fußgängerzonen werden ausgedehnt und auf Uhrzeiten gelegt, zu denen mehr los ist.

Suchen Sie Kontakt zu Hundetrainern, die Ihnen bei der Ausbildung helfen.

BITTE BEACHTEN

Wird im Bereich der Nervenstärkung mit Flooding gearbeitet, muss der Hund aktiver unterstützt werden als beim Flooding während der Arbeit an Schreckhaftigkeit.

KURZ GEFASST

· ·

- Suchen Sie das für Ihren Hund geeignete Konstitutionsmittel
- Gesundheitscheck bei Ihrem Tierarzt
- Führen Sie Ihren Hund langsam an Situationen heran
- Lieber einen Schritt zurück, als zu schnell vorwärts

· ·

Homöopathische Lösungsvorschläge

AVENA SATIVA

Er kann nicht schlafen, wirft sich immer hin und her oder wechselt ständig seinen Schlafplatz. Da er in der Nacht keine Tiefschlafphase hat, kann er sich sehr schlecht konzentrieren. Der Hund ist erschöpft nach den vergeblichen Versuchen, dem Besitzer alles recht zu machen. Er kann die Voraussetzungen des Besitzers auch nicht erfüllen und zieht sich lieber zurück. Dieses Mittel ist kein Schlafmittel, sondern es beruhigt den Hund und nimmt die Anspannung. Es wirkt auf das vegetative Nervensystem, wenn die Nerven zum Zerreißen angespannt sind.

BRYONIA

Der Hund braucht seine Ruhe und will auch nicht gestört werden, er will eigentlich sehr oft alleine sein. Wenn er in seiner Ruhe gestört wird, reagiert er oft bösartig. Es ist ein kräftiger, schnell reizbarer Hund, der immer auf Abwehr geht und auch sehr unberechenbar ist. Er ist ein fleißiger Hund und arbeitet auf dem Hundeplatz mit fieberhafter Eile. Das Mittel ist vor allem für Unruhe, wenn sie mit Angst gekoppelt ist.

CHAMOMILLA

Nichts kann man ihm recht machen, er ist sehr oft gereizt, launisch und ruhelos. Er kann sehr höflich sein, aber will ständig Beachtung. Beim Arbeiten oder Lernen hat er das Gefühl, dass er gehorchen muss, protestiert aber dagegen. Wenn man dann nicht gegensteuert, kann es sein, dass er explodiert. Er wird dann unhöflich auch gegenüber seinem Besitzer. Nun will er streiten und fängt an zu pöbeln. Er stört dann ständig die Hundegruppe, weil er zum Zanken aufgelegt ist. In diesem Zustand hat auch der Besitzer seine liebe Not, sein Hund lässt dann keinen mehr zu sich. Wenn dieser Zustand weitergeht und nicht behoben wird, dann wird er teilnahmslos, ja sogar hoffnungslos und unruhig.

COLOCYNTHIS

Er ändert ständig seinen Schlafplatz, denn er kann nicht ruhig auf seinem Platz liegen. Seine Beschwerden werden durch Ärger und Verdruss ausgelöst. Seine Entrüstung entsteht auch durch ständige Kritik vom Halter, diese Kritik will er nicht akzeptieren. Dadurch wird er immer unruhiger. In der Praxis ist mir aufgefallen, dass der Hund durch den Ärger und Verdruss nicht nur unruhig wird, sondern auch oft Bauchschmerzen bekommt.

GELSEMIUM

Wenn man ihm eine Aufgabe stellt, verliert er die Fassung und sucht Hilfe und Halt bei seinem Besitzer, er klammert richtig. Wenn er kein gutes Verhältnis zum Besitzer hat, kann er sich auch an ein Rudelmitglied klammern. Er fängt heftig zu zittern an. Seine Nerven sind eher schwach. Wenn er in Stresssituationen kommt, ist er auch noch wie gelähmt und kann nicht mehr weitergehen. Auf dem Hundeplatz ist er eher der ausweichende Hund und vermeidet jede Konfrontation.

KURZ GEFASST

· ·

- Avena sativa ist kein Schlafmittel, sondern beruhigt den Hund
- Bryonia, der Hund braucht seine Ruhe
- Chamomilla, dem Hund kann man nichts recht machen, dann wird er ruhelos und gereizt
- Gelsemium, ist immer am Klammern

· ·

HYPERICUM

Hypericum ist das Mittel für Nervenverletzungen. Es hilft bei seelischen und körperlichen Wunden. Die Schmerzgrenze des Hundes ist sehr niedrig und daher empfindet er jeden Schmerz, auch wenn er noch so klein ist, oft unerträglich. Er will in dieser Situation nicht berührt werden, da es wirklich sehr wehtut. Das ist die körperliche Variante, aber die seelische ist die gleiche. Er will sich nicht noch mal seelisch verletzen lassen, denn es schmerzt so sehr. Der Hund ist angespannt und wird in der Situation auch den Besitzer abschnappen. Er fühlt sich hilflos ausgeliefert, in seiner Vitali-

tät eingeschränkt und gefangen. Auffällig ist, dass der Geruchs- und Gehörsinn sehr ausgeprägt sind.

LYSSINUM

Dieser Hund ist geprägt von vielen Ängsten. Am auffälligsten ist die Angst vor reflektierendem Licht. Er fürchtet sich, allein zu sein, und zerstört dann die Wohnung. Von seinem Besitzer, dem er treu ergeben ist, fühlt er sich gequält und ungerecht behandelt. Diese Meinung erzeugt Wut und Zorn in ihm und so beißt er und wird gewalttätig. Er zerstört alles und seine Zerstörungswut macht auch vor ihm selbst nicht Halt. Der Zorn verfliegt aber auch schnell und es folgt die Reue. Es ist ein sehr empfindlicher Hund. Der Hundehalter hat oft Probleme, die Ursachen des Verhaltens zu verstehen.

PASSIFLORA INCARNATA

Dieses Mittel wird beim verkrampften Hund eingesetzt. Er leidet oft unter Schlaflosigkeit und ist in der Nacht ruhelos. Er versucht immer, die Beachtung seines Besitzers zu bekommen. Und diese bekommt er auch, denn auch Schimpfen ist eine Reaktion. Draußen ist er ein wahres Energiebündel und dadurch oft leider sehr ungeduldig. Der Besitzer muss genauso schnell sein wie er selbst. Wenn man ihn unterfordert, wird er noch ruheloser. Dabei kann er richtig hysterisch werden.

VALERIANA OFFICINALIS

Er hat Angst vor dem Alleinsein und vor der Dunkelheit. Wenn er das Gefühl hat, dass er nicht beachtet wird, kann er sich sehr aufregen. Will seine Enttäuschungen und Verletzungen nicht tolerieren und reagiert sehr heftig darauf, was oft in einem hysterischen Anfall enden kann. Er ist auch schnell enttäuscht und braucht ganz viel Lob vom Besitzer. Mir fällt öfter auf, dass sich die Hund in diesem „Anfall" sehr häufig räuspern, als ob der Hals zugeschnürt ist. Sie vertragen darum kein enges Halsband. Leidet auch häufig unter Schlafstörungen.

VERATRUM ALBUM

Er ist ein sehr fröhlicher und fleißiger Hund. In ihm steckt eine unendliche Energie, dadurch ist er sehr aktiv. Diese Energie zwingt ihn aber auch, immer in Aktion zu sein. Seine soziale Stellung im Rudel ist ihm sehr wichtig, dabei kann er sehr egoistisch werden und neigt auch zum Größenwahn. Plötzlich kann aber seine Stimmung umschwenken und er wird ausgesprochen melancholisch. Er sitzt dann in einer Ecke und man meint, es fällt alles bei ihm runter: Der Kopf und die Ohren, ja sogar das Fell hängen schlaff an ihm herab. Meistens verkriecht er sich noch in einer Ecke. Es überkommt ihn dann plötzlich Angst und er wird unruhig und kann dann nicht still sitzen.

Alternativen zu Globuli

BACHBLÜTEN
Agrimony – er ist ein geselliger und friedlicher Hund, der im ersten Moment immer fröhlich wirkt. Es ist nicht schwer, ihn zu motivieren. Aber dadurch wird er schnell überfordert und hat dann eine innere Unruhe.

Cherry Plum – der Hund steht unter starker inneren Anspannung und neigt zu plötzlichen Temperamentsausbrüchen. Er ist hyperaktiv.

Impatiens – ist Nervosität in Zusammenhang mit Aggression. Er ist ungeduldig und hektisch und kann ganz schlecht entspannen.

White Chestnut – nimmt man, wenn der Hund vor lauter Anspannung nicht schlafen kann. Dabei leidet er unter Bewegungszwang.

SCHÜSSLER-SALZE
Calcium phosphoricum Nr. 2 – kann Linderung schaffen, wenn der Hund stark verkrampft und angespannt ist.

Kalium phosphoricum Nr. 5 – wird auch als Nervensalz bezeichnet. Es ist das Hauptmittel für Überforderung und Leistungsdruck.

Magnesium phosphoricum Nr. 7 – nimmt man, wenn der Hund unter psychischer Anspannung und Schlaflosigkeit leidet.

Natrium phosphoricum Nr. 9 – wird bei Übernervosität eingesetzt, wenn der Hund dann streitsüchtig wird.

Silicea Nr. 11 – stärkt die Nerven und die Regenerationsbereitschaft des Körpers.

KURZ GEFASST
· ·
- Hypericum ist das Nervenmittel, wird auch „Arnica der Nerven" genannt
- Passiflora incarnata, ist ein verkrampfter Hund
- Valeriana officinalis ist der gute alte Baldrian
- Veratrum album, kann nicht still liegen bleiben
· ·

Ruhe fördern

Mindestens genauso wichtig wie eine ausgewogene Beschäftigung sind ausreichende Ruhezeiten. Unruhe ist Hunden nicht angeboren, sondern anerzogen.

ENTSPANNEN

Wie im Thema „Entspannen lernen" beschrieben, ist man dabei mit dem Hund in gewisser Weise „aktiv". Ob Wellness-Spaziergang oder Massage, man tritt bei Entspannungsübungen mit dem Hund in kommunikativen bzw. körperlichen Kontakt. Der Hund ist wach, ist aufmerksam, aber nicht aufgeregt und bewegt sich langsam und entspannt.

RUHE

Ruhe heißt, es gibt absolut keine Aktionen. Der Hund wird weder massiert noch angesprochen. Auch auf Aufforderungen wird nicht eingegangen. Der Hund soll ganz und gar zur Ruhe kommen. In Ruhephasen kann der Hund wach sein, döst vor sich hin, beobachtet eventuell die Geschehnisse im Garten, bewegt sich dabei aber nicht.

WIE VIEL RUHE BRAUCHT DER HUND?

Zur Zeit schwirrt in Foren, sozialen Medien und Büchern die Zeitangabe von mindestens 20 Stunden Ruhe durch die Hundecommunity. Man sollte Ruhe- und Schlafzeiten jedoch stets rassespezifisch sehen. Ein Jack Russell Terrier z. B. hat sicherlich ein geringeres Ruhebedürfnis als ein Bernhardiner.

Zwängt man nun Hunde wie z. B. Jack Russell, Schnauzer oder Hütehunde in ein „20-Stunden-Ruhe-Korsett", werden diese Hunde nicht glücklich damit sein, sich eventuell unerwünschte Verhaltensweisen aneignen und vielleicht in Haus und Wohnung „innenarchitektonisch tätig" werden.

LÖSUNGSANSATZ 1 – RUHEBEDÜRFNIS ERMITTELN

Nehmen Sie sich einmal ein paar Tage Zeit und beobachten Sie Ihren Hund. Wann ist er aktiv? Wann ruht er? Wann schläft er? Verändern Sie Ihren normalen Tagesablauf nicht zu sehr. Machen Sie sich Notizen. In der Regel sind Hunde sehr vernünftig und nehmen sich ihre Auszeiten von alleine.

LÖSUNGSANSATZ 2 – RUHEBEDÜRFNIS BEFOLGEN

Sie haben nun ermittelt, wie lange und oft ihr Hund ruht oder schläft. Befolgen Sie diesen Rhythmus so weit wie möglich, ohne dass Sie Ihren individuellen Tagesablauf zu sehr ändern. Und wenn es mal einen Tag mit weniger oder mehr Ruhe und Schlaf gibt, wird dies dem Hund nicht schaden.

LÖSUNGSANSATZ 3 – RUHETAG EINFÜHREN

Führen Sie einen Ruhetag ein. An diesem Tag darf Hund nur Hund sein.

TRAININGSSCHRITT 1, WOCHE 1 – RUHEBEDÜRFNIS ERMITTELN

Wie schon in Lösungsansatz 1 ist der erste Schritt die Ermittlung des individuellen Ruhebedürfnisses Ihres Hundes. Anhand Ihrer Notizen sollten Sie herausgefunden haben, wie hoch das Ruhebedürfnis Ihres Hundes ist.

Clooney hat Ruhe gelernt. Einfach mal auf dem Sofa chillen, das tut vor allem nervösen Hunden gut. Sprechen Sie den Hund nicht an, berühren Sie ihn nicht, er soll ruhen.

Berücksichtigen Sie dabei nicht nur die Rasse, sondern auch das Alter und den medizinischen körperlichen Zustand Ihres Hundes.

TRAININGSSCHRITT 2, WOCHE 2 – GEZIELT RUHEZEITEN EINFÜHREN

Bieten Sie Ihrem Hund eine Box an. Vor allem wenn Sie Ihren Hund mit an Ihren Arbeitsplatz nehmen, ist eine Rückzugsmöglichkeit immens wichtig.

Machen Sie Ihrem Hund die Box schmackhaft. Belohnen Sie ihn in der Box, wenn er sie freiwillig aufsucht. Schließen Sie auch hin und wieder die Tür und überlassen Sie ihn für die Dauer der Ruhezeit in der Box sich selbst.

TRAININGSSCHRITT 3, WOCHE 3 – RUHEZEITEN KONSEQUENT EINHALTEN

Bestehen Sie darauf, dass der Hund die Ruhezeiten einhält. Bei uns ist nach dem Morgenspaziergang bis mittags „Sendepause" für die Hunde. Ich reagiere auch nicht auf Aufforderungen.

Auch bei meinen Welpen habe ich diese Ruhezeiten konsequent eingehalten. Lernt schon der Welpe, dass es im Tagesablauf Zeiten gibt, in denen eben „nichts geboten" wird, hält sich der Hund ein Leben lang daran.

BITTE BEACHTEN

Es gibt Hunderassen, die weniger Ruhe benötigen, andere wiederum brauchen mehr Ruhe. Beachten Sie auf jeden Fall das ganz individuelle Ruhebedürfnis Ihres Hundes.

KURZ GEFASST

- Ausgewogenheit zwischen Bewegung und Ruhe herstellen
- Rassespezifische Eigenheiten beachten
- Individuelles Ruhebedürfnis Ihres Hundes ermitteln
- Ruhezeiten konsequent einhalten

Homöopathische Lösungsvorschläge

ANACARDIUM ORIENTALE

Man hat das Gefühl, dass man diesem Hund jeden Tag alles wieder neu lehren muss. Was ist „Sitz", „Platz" oder „Bleib". Irgendwie vergisst er es von einem Tag auf den anderen. Es ist ein braver und folgsamer Hund. Selbstvertrauen hat er keines, was mit falscher und zu strenger Erziehung immer schlimmer wird. In dieser Situation wird er fahrig und nervös. Dann kann er auch böse und gewalttätig werden, er wird dann stur und zieht sich in sich zurück. Wenn man ihn überfordert, muss er an die frische Luft, um Dampf abzulassen, denn Bewegung hilft ihm, wieder ausgeglichen zu werden.

ARSENICUM ALBUM

Der Hund wird von Unruhe getrieben und meint, er sei ständig auf der Flucht. Für Dunkelheit ist er sehr anfällig, denn er fürchtet diese. Er fühlt sich schwach und wehrlos, benötigt deshalb seinen Besitzer, der dann in seiner Nähe sein muss. Aber er traut seinem Besitzer auch nicht so ganz. Jedoch hat er Angst, dass der Besitzer ihn verlassen könnte, und macht daher alles, damit er ihn nicht vergrault. Beim Lernen arbeitet er sehr gewissenhaft. Er ist auch sehr pedantisch, es muss alles an seinem Platz sein, denn er liebt Ordnung. Wenn er der Meinung ist, sein Körbchen und seine Decke sind nicht in Ordnung, bringt er es in Ordnung.

Auffällig ist, dass er sein Wasser oft in kleinen Mengen trinkt, aber dafür sehr häufig.

CHAMOMILLA

Nichts kann man ihm recht machen, er ist sehr oft gereizt, launisch und ruhelos. Er kann sehr höflich sein, aber will ständig Beachtung. Beim Arbeiten oder Lernen hat er das Gefühl, dass er gehorchen muss, protestiert aber dagegen. Wenn man dann nicht gegensteuert, kann es sein, dass er explodiert. Er wird dann unhöflich auch gegenüber seinem Besitzer. Nun will er streiten und fängt an zu pöbeln. Er stört dann ständig die Hundegruppe, weil er zum Zanken aufgelegt ist. In diesem Zustand hat auch der Besitzer seine liebe Not, sein Hund lässt dann keinen mehr zu sich. Wenn dieser Zustand weitergeht und nicht behoben wird, dann wird er teilnahmslos, ja sogar hoffnungslos und unruhig. Dieses Mittel hilft für Ausgeglichenheit.

HELIANTHUS ANNUUS

Der Hund ist unsicher und braucht bei allem jemand, der ihn anleitet. Er ist daher ein angenehmer Zweithund. Als Einzelhund ist er aber schwieriger zu halten, er hat dann ständig Angst, abgewiesen zu werden, und geht deshalb jeder Konfrontation aus dem Weg. Bei diesem Mittel denke ich immer, dass „der Hund Sonne im Herzen braucht". Mit Helianthus wird die innere Gelassenheit und die spielerische Leichtigkeit gefunden.

KALIUM CARBONICUM

Sein Pflichtbewusstsein ist sehr hoch und er will alles richtig machen. Er verzweifelt oft an den Herausforderungen, überspielt dabei aber seine Verletzlichkeit. Er macht einen nüchternen und ruhigen Eindruck, deshalb ist seine Unruhe auch oft schlecht zu erkennen. Man kann ihn gut beschäftigen, denn er hat auch Spaß an der Arbeit und ist sehr strebsam. Er braucht dringend eine sichere Grundlage für sein Leben, die unbedingt aus Regeln und Normen bestehen muss. Das Interessante ist, dass er sich an diese Regeln hält und andere auffordert, diese ebenfalls zu befolgen.

NUX VOMICA

Schon als Welpe ist er wagemutig, frech und hat ein feuriges Temperament.

Er ist sehr reizbar und geprägt von Härte, Eifer, Ehrgeiz und Ungeduld. Er leidet unter starkem innerem Druck. Er hat große Konzentrationsprobleme, so kann er auch das Gelernte nicht behalten. Dadurch baut sich Stress auf. Der Besitzer merkt dieses Dilemma oft nicht. Der Hund kann aber auch nicht aufhören zu arbeiten, was das Ganze noch verschlimmert. Durch seine Eifersucht kann er böswillig werden und lässt seinem Zorn oft freien Lauf. Geräusche können Angst und Autoaggression auslösen und er will dann nicht berührt werden. Sein Körbchen ist sein Körbchen und er will es mit keinem teilen, denn es ist seine Sicherheit.

KURZ GEFASST

· ·

- Anacardium, der Hund muss jeden Tag alles wieder neu lernen
- Chamomilla, dem Hund kann man nichts recht machen
- Helianthus annuus, braucht „Sonne im Herzen"
- Nux vomica, der Hund braucht sein Körbchen

· ·

STAPHISAGRIA

Staphisagria gibt man, wenn die Nervosität von Stress und Kummer ausgelöst wurde. Dieser Hund ist krankhaft empfindlich. Diese Empfindlichkeit ist sehr tief greifend und auch sehr ausdauernd. Er ist sehr nachtragend. Fehler des Besitzers im Umgang mit ihm werden dauerhaft übel genommen. Es dauert lange, den Hund vom Gegenteil zu überzeugen. Man könnte glauben, dass der Hund eine übersteigerte Vorstellung von seiner Ehre und Würde hat. Über ihn lachen, wenn er sich mal dümmlich verhält, bringt ihn aus der Fassung. Wenn das Verletzen der Ehre und Würde nicht aufhört, wird es dem Hund zu viel und er verliert die Beherrschung. Wenn das passiert, kommt sein unterdrückter Zorn zum Vorschein.

ZINCUM METALLICUM

Der Hund ist wohlerzogen. Aber er meint, das er ständig angegriffen wird und sich verteidigen muss. Er lebt in einer ständigen Anspannung, dadurch leidet sein Nervensystem. Diese Angst macht ihn wachsam, angespannt und nervös. Der kleinste Anlass erregt sein Nervensystem. Nach der Reizbarkeitsphase und der Ruhelosigkeit kann er in ein anderes Extrem verfallen und wird vollkommen stumpfsinnig und absolut schlaff. Er ist dann nicht zu motivieren, seine Aufgaben zu erfüllen. Im Gegenteil, man hat das Gefühl, er bricht vor Erschöpfung zusammen.

Alternativen zu Globuli

BACHBLÜTEN
Cherry Plum – von der Verspannung in die Entspannung. Sind oft vor lauter Leistungsstress am Limit.

Chicory – sind so fürsorglich, dass sie nur noch angespannt sind.

Rock Water – setzt sich selbst unter Leistungsdruck und kann nicht entspannen.

SCHÜSSLER-SALZE
Calcium phosphoricum Nr. 2 – hat eine beruhigende Wirkung auf das Nervensystem. Es zucken oft die Pfoten im Schlaf.

Kalium phosphoricum Nr. 5 – wird auch das Nervensalz genannt.

Magnesium phosphoricum Nr. 7 – regt nicht an wie andere Salze, sondern es dämpft die Symptome.

DUFTÖLE
Ätherische Öle können zur Entspannung beitragen. Sie sorgen für zusätzliches Wohlbefinden und Gelassenheit. Bitte aber nur naturreines Öl verwenden. Öle, die das Wort „ätherisch" nicht enthalten, sollte man lieber nicht verwenden.

Lavendelöl – hat eine beruhigende und ausgleichende Wirkung.

Baldrian – bietet sich ebenfalls als beruhigendes Mittel an. Es hilft, die Gereiztheit und Wutanfälle zu lindern.

Passionsblume – ist auch als Öl zu erhalten, das man zur Beruhigung verwenden kann.

In einer harmonisch aufgebauten Hundegruppe spielen Körpergröße und Alter keine Rolle.

KURZ GEFASST

- Staphisagria, die Ehre und Würde eines Hundes sollte man nicht verletzen
- Zincum metallicum, meint, dass er immer angegriffen wird
- Cherry Plum, vor lauter Leistungsstress am Limit
- Duftöle können zur Förderung von Ruhe verwendet werden

Harmonie in einer Hundegruppe

Halter mehrerer Hund wissen, wie wichtig Harmonie in der Hundegruppe ist. Werden keine klaren Regeln aufgestellt, können manche Situationen eskalieren.

„Das machen die unter sich aus" – ein Mythos, der leider noch zu weit verbreitet ist. Seit vielen Jahren halte ich Gruppen mit drei bis vier Hunden, und die machen das garantiert **nicht** unter sich aus. Stellt der Halter die „Rangfolge" in seiner Gruppe nicht her, kann es zu vielen Problemen kommen. Vor allem Hündinnen können ihre Position in der Gruppe untereinander immer wieder infrage stellen. Rüden sind in der Regel einfacher.

Bitte diese Positionierung der Hunde nicht mit Dominanz gleichsetzen. Dominanz hat in einer harmonischen Gruppe nichts verloren. Harmonie hat mit Dominanz nichts zu tun.

Bei uns hat der Hund, der am längsten bei uns ist, den Vorrang. Er wird vor dem Spaziergang als erster angeleint, er wird draußen als erster abgeleint. Er bekommt als erster ein Leckerchen und abends als erster den Napf. Diese Regel hat nichts mit dem Alter zu tun. Im Moment steht unser Collie-Rüde an erster Stelle, obwohl er mehrere Jahre jünger ist als unser Sheltie. Auch mit Größe hat dies nichts zu tun. Als Sunny noch lebte, war sie an erster Position, obwohl sie viel kleiner war als unser Collie.

Diesen Grundsatz habe ich bei allen meinen Gruppen eingehalten und in Jahrzehnte der Haltung von mehreren Hunden noch nie Probleme gehabt. Alle Hunde haben sich gerne in ihre Position begeben.

Probleme innerhalb einer Gruppe sind meistens hausgemacht. Die Regeln sind nicht klar vermittelt worden oder werden nicht konsequent eingehalten. Die Gruppe wird immer wieder auseinandergerissen oder es wird zu häufig einer der Hunde bevorzugt.

Ich habe erlebt, dass Halter mehrerer Hunde die Tiere einzeln in Boxen sperren müssen, wenn sie alleine gelassen werden, weil diese sich untereinander sonst schwer verletzen. Auch Übersprungshandlungen von einzelnen Gruppenmitgliedern, die gegen andere Gruppenmitglieder gerichtet sind, können zu Verletzungen führen.

Hunde sind keine Demokraten, dies sollte Ihnen bewusst sein. Hunde sind im Grunde sehr egoistisch und werden schwache Gruppenmitglieder im schlimmsten Fall hinausmobben.

Auch zwei Hunde sind schon eine Gruppe. Es ist also egal, wie viele Hunde sie haben. Ob zwei, drei oder mehr, die Basis einer harmonischen Gruppe ist Zuverlässigkeit, Systematik und Eindeutigkeit. Es darf kein „Jein", kein „Vielleicht" oder „Könntest du bitte" geben.

LÖSUNGSANSATZ 1 – EIN NEUER HUND KOMMT IN DIE GRUPPE

Ich bin ein großer Verfechter der Handfütterung. Immer wenn ein neuer Hund unser Zuhause bereicherte, wurde dieser das ganze erste Jahr ausschließlich aus der Hand gefüttert. Ein Jahr mag lang erscheinen, die Handfütterungszeit sollte jedoch 6 Monate nicht unterschreiten.

Setzen Sie sich mit der Mahlzeit des Hundes auf den Boden. Der Hund sitzt oder steht vor Ihnen. Trockenfutter können Sie nun direkt aus der Hand füttern. Nassfutter oder Rohfleisch geben Sie in einen Napf und halten dem Hund den Napf hin, den er nun leeren darf.

Es geht **nicht** darum, dem Hund den Napf wegzunehmen. Bitte lassen Sie Ihren Hund den Napf leeren, der Napf wird während des Fressens nicht weggezogen. Erst wenn der Napf leer ist, wird er weggeräumt. Der Napf für den neuen Hund steht nie herum.

Nehmen Sie sich diese Zeit, es lohnt sich.

Lerneffekte dieser Handfütterung sind:

> **Beziehungsaufbau** – gemeinsames „Essen" fördert die Beziehung
> **Bindungsaufbau** – die Bindung wird gestärkt und gefestigt
> **Vertrauensaufbau** – Ihr Hund lernt von Anfang an, dass es kein Problem ist, wenn Menschen an seinen Napf gehen. Sie vermeiden von vornherein Ressourcenverteidigung
> **Gruppenregeln** – die anderen Hunde der Gruppe lernen so, den neuen Hund beim Fressen in Ruhe zu lassen. Kämpfe um Näpfe oder Neid wird von Anfang an verhindert.

LÖSUNGSANSATZ 2 – KLARE REGELN

Stellen Sie klare Regeln auf. Der Hund, der am längsten bei Ihnen ist, hat die meisten Privilegien. Egal ob es um Fressen, Freilauf oder Sozialkontakt zu Ihnen geht, der „alteingesessene" Hund kommt immer zuerst dran.

Denken Sie immer daran: Hunde sind keine Demokraten. Vor allem pubertäre Junghunde werden jede „schwammige Regel" gnadenlos ausnutzen. Was ein Mal gilt, gilt immer!

BITTE BEACHTEN

Der am häufigsten gemachte Fehler ist, die Hundegruppe immer wieder zu trennen. Nehmen Sie immer alle Hunde mit auf den Spaziergang. Arbeiten Sie immer mit allen Hunden gleichzeitig. Das Gruppengefühl wird so gestärkt.

KURZ GEFASST

· ·

- Die machen das **nicht** untereinander aus
- Der Halter sagt an
- Die Gruppe nicht trennen
- Gruppengefühl stärken

· ·

TRAININGSSCHRITT 1, WOCHE 1 – NEULING POSITIONIEREN

Sie haben über Handfütterung dem neuen und Ihren alteingesessenen Hunden gelehrt, welche Reihenfolge die Regel ist. Die alteingesessenen Hunde bekommen den Napf zuerst, der neue Hund zuletzt vorgesetzt. Fressen dürfen aber alle gleichzeitig. Sie müssen also nicht warten, bis die alteingesessenen Hunde fertig sind.

Honey ist am kürzesten bei uns, sie wird aus der Hand gefüttert. Beziehung und Bindung werden gestärkt, sie lernt von Anfang an, dass Ressourcenverteidigung nicht nötig ist.

Die Hunde halten sich von den anderen Näpfen fern, bis auch der letzte Hund fertig gefressen hat. Dann dürfen selbstverständlich „Nachkontrollen" durchgeführt werden.

Werden die Hunde für den Spaziergang fertig gemacht, werden immer die alteingesessenen Hunde zuerst angeleint. Diese treten auch vor dem neuen Rudelmitglied durch die Tür, wenn es nach draußen geht. Ob Sie als Erster hinausgehen, ist dabei relativ egal, der neue Hund sollte jedoch auf jeden Fall hinter den alten Hunden hinausgehen.

Ich verlange vor dem Ableinen Blickkontakt von meinen Hunden. Sie dürfen auch erst auf meine Freigabe loslaufen. Zuerst dürfen die alteingesessenen Hunde von der Leine, der neue wird als letzter abgeleint. Bestehen Sie auf Blickkontakt, auch wenn es noch so lange

dauert. Lernt der Hund von Anfang an, erst „nachzufragen" (siehe auch mein Buch „Hundetraining ohne Worte"), verhindern Sie von Anfang an ein wildes, unkontrolliertes Losstürmen.

Bei sozialen Kontakten, wie z. B. auf das Sofa kommen oder im Bett schlafen, sollten auch die alteingesessenen Hunde bevorzugt werden, also zuerst aufs Sofa kommen dürfen.

Daran scheiden sich ja sehr oft die Geister: Darf der Hund aufs Sofa oder nicht? Darf der Hund nachts im Bett schlafen oder nicht? Ich denke, das muss jeder für sich selbst entscheiden. Bei uns dürfen die Hunde zwar aufs Sofa, weil wir die entspannten Sofa-Abende sehr genießen, ins Bett dürfen unsere Hunde jedoch nicht. Schlafzimmer ist tabu.

Und nein, Ihr Hund wird nicht dominant, wenn er zu Ihnen aufs Sofa darf.

Der Neuling nimmt vor dem Ableinen Blickkontakt auf, fragt nach und darf als Letzter von der Leine.

wirklich Geschwister werden. Alleingänge stören das Gruppengefüge und veranlassen die alteingesessenen Hunde zu unerwünschten Aktionen gegenüber dem neuen.

Das Gleiche gilt für den Hundesport und tägliche Trainingseinheiten. Nehmen Sie zum Training immer alle Hunde mit. Während Sie mit einem Hund arbeiten, haben die anderen zu warten, bis sie dran sind. Verlangt der Trainer Ihrer Hundeschule, Sie sollen nur mit einem Hund kommen, überzeugen Sie ihn, dass es besser ist, alle Hunde mitzubringen, oder suchen Sie eine andere Hundeschule, in der das erlaubt ist.

Wird während des Spaziergangs trainiert, sollte die erste Übung immer von den alteingesessenen Hunden absolviert werden. Der neue wartet, bis er dran ist.

Ist das neue Gruppenmitglied ein Welpe, haben Sie bitte kein Mitleid, auch wenn er beim Warten noch so „schreit". Hängen Sie den Welpen mit der Leine so an, dass Sie ihn sofort belohnen können, wenn er sich ruhig verhält. Bleiben Sie konsequent, nur so lernt der Kleine von Anfang an, dass er warten muss. Ich weiß, es kann herzzerreißend sein, geben Sie aber keinesfalls nach.

TRAININGSSCHRITT 2, WOCHE 2 – GRUPPENGEFÜHL ENTWICKELN

Gehen Sie immer mit allen Hunden der Gruppe spazieren. Die Hunde sollen ein Gruppengefühl entwickeln und auch als Gruppe handeln. Wenn Sie immer wieder ein Gruppenmitglied herausnehmen, kann sich keine gesunde Gruppenstruktur entwickeln.

Stellen Sie sich vor, Geschwisterkinder werden immer wieder getrennt. Bei diesem Vorgehen werden diese nie

TRAININGSSCHRITT 3, WOCHE 3 – REGELN GELTEN IMMER

Ihre Gruppe hat sich nun miteinander arrangiert und agiert drinnen und draußen als Einheit. Der Ablauf im Alltag wurde eingeführt und die Hunde wissen wo sie „hingehören".

Diese Regeln gelten immer. Weichen Sie diese Routinen nicht auf. Was einmal gilt, gilt immer!

Homöopathische Lösungs-vorschläge

In diesem Kapitel gehe ich auf die häufigsten Konstitutionsmittel ein. Es sind die Mittel, die bei mir in der Praxis am häufigsten vorkommen. Wenn „der Störenfried" mit seinem homöopathischen Mittel behandelt wurde und eine gleichzeitige Erziehung erfolgt, dann stellt sich oft automatisch eine Ruhe in der Gruppe ein.

CHAMOMILLA

Nichts kann man ihm recht machen, er ist sehr oft gereizt, launisch und ruhelos. Er kann sehr höflich sein, aber will ständig Beachtung. Beim Arbeiten oder Lernen hat er das Gefühl, dass er gehorchen muss, protestiert aber dagegen. Wenn man dann nicht gegensteuert, kann es sein, dass er explodiert. Er wird dann unhöflich auch gegenüber seinem Besitzer. Nun will er streiten und fängt an zu pöbeln. Er stört dann ständig die Hundegruppe, weil er zum Zanken aufgelegt ist. In diesem Zustand hat auch der Besitzer seine liebe Not, sein Hund lässt dann keinen mehr zu sich. Wenn dieser Zustand weitergeht und nicht behoben wird, dann wird er teilnahmslos, ja sogar hoffnungslos und unruhig.

GRAPHITES

Der Hund kann sich über den kleinsten Anlass aufregen und verzweifelt über Kleinigkeiten.

Er hat das Gefühl, nicht beachtet zu werden, auch schon im Welpenalter bei seinen Geschwistern. Sein Interesse an Artgenossen ist nicht sonderlich ausgeprägt, er ist sogar eher unproblematisch und gutmütig. Dadurch ist er im Rudel ganz gut zu halten. Auf dem Hundeplatz ist er sehr konzentriert, hat aber Schwierigkeiten, sich länger zu konzentrieren. Dieser Hund darf nicht angeschrien oder bestraft werden, denn dann verweigert er die Arbeit komplett. Er kann richtig stur werden und führt dann die Kommandos nur unter Zwang aus. Es dauert auch sehr lange, bis er einen Tadel wieder vergisst.

HYPERICUM

Hypericum ist das Mittel für Nervenverletzungen. Es hilft bei seelischen und körperlichen Wunden. Die Schmerzgrenze des Hundes ist sehr niedrig und daher empfindet er jeden Schmerz, auch wenn er noch so klein ist, oft unerträglich. Er will in dieser Situation nicht berührt werden, da es wirklich sehr wehtut. Das ist die körperliche Variante, aber die seelische ist die gleiche. Er will sich nicht noch mal seelisch verletzen lassen, denn es schmerzt so sehr. Der Hund ist angespannt und wird in der Situation auch den Besitzer abschnappen. Er fühlt sich hilflos ausgeliefert, in seiner Vitalität eingeschränkt und gefangen. Auffällig ist, dass der Geruchs- und Gehörsinn sehr ausgeprägt sind.

IGNATIA

Ständige wechselnde Stimmungen des Hundes und sein ewiges Winseln quälen oft den Hundehalter. Der Hund sucht auch immer jemanden, an den er sich klammern kann. Er ist voller widersprüchlicher Stimmungen, denn Kummer, Zorn und Enttäuschung verschmelzen zu einer inneren Anspannung, die sich entladen kann. Durch die Trennung von seiner geliebten Bezugsperson (oder einem Rudelmitglied) entsteht eine Trauer. Er ist sehr eifersüchtig und in seiner Panik unruhig, kann nicht liegen bleiben und ist ständig in Bewegung bis zur totalen Erschöpfung. Auch dann will er sich nicht hinlegen.

Der Ignatia-Hund ist sehr emotional. Es ist ein nervöser Hund und hat eine leicht erregbare Natur. Auf dem Hundeplatz hat er eine sehr rasche Auffassungsgabe und lernt sehr schnell. Er setzt das Gelernte auch schnell um. Es ist für mich das wichtigste Mittel bei Eifersucht, denn dadurch entstehen Kummer und Depression. Durch Kummer kommt es häufig zu Haarausfall.

LYCOPODIUM

Der Hund hat kein Vertrauen zu seinen eigenen Kräften, durch sein fehlendes Vertrauen verhält er sich sehr oft aggressiv und spielt sich auf. Er wirkt oft überheblich und ist griesgrämig und launisch. Geistig ist er sehr rege, hat aber Konzentrationsprobleme. Körperlich ist er sehr schnell müde. Er ist ein absoluter Morgenmuffel, der in der Früh nicht so zeitig Gassi gehen will. Will man ihn zu einer Aktion zwingen, reagiert er oft aggressiv, beißt aber nicht, sondern warnt mit Knurren. Er benötigt eine Distanzgrenze. Ein schlechte Behandlung oder eine körperliche Misshandlung vergisst er nie. Braucht einen selbstbewussten Hundehalter, denn er ist sehr schwer zu erziehen. Schreckt auch nicht davor zurück, dem Besitzer zu drohen. Er hat auch oft Probleme mit Artgenossen und Angst vor Männern.

KURZ GEFASST

....

- Graphites, den Hund nicht anschreien, das nimmt er sehr übel
- Hypericum ist „das Nervenmittel"
- Im Ignatia-Hund brennt ein emotionales Feuer
- Lycopodium, der Hund vergisst eine schlechte Behandlung nie

....

PHOSPHORUS

Er sucht Harmonie, fürchtet die Isolation und will immer beim Besitzer sein. Es geht besser, wenn er in einem Hunderudel lebt, denn er will nicht alleine sein. Der Hund braucht die Aufmerksamkeit, wenn er diese nicht bekommt, lässt er sich alles Mögliche einfallen, damit man ihn beachtet. (Übrigens ist schimpfen auch ein Art von Aufmerksamkeit.) Er findet sehr schnell Anschluss zu seinen Artgenossen, auch beim Gassigehen. Dabei hat er ausgeprägte Antennen für die Stimmungen innerhalb des Rudels bzw. in der Familie. Wenn der Haussegen schief hängt, versucht er die Unstimmigkeiten zu regulieren. Er ist verspielt, temperamentvoll und neugierig. Gewitter und Geräusche machen ihn sehr nervös und er kommt aus Angst nicht zur Ruhe. Panisch und kopflos läuft er davon. Die Angst kann so groß werden, dass er das Beißen anfängt. Es kommt manchmal zu Reaktionen, die als Aggression gedeutet werden können.

PULSATILLA

Er scheint eine innere Schwäche zu haben, dadurch kann er sich der Härte der Welt nicht stellen. Sein Besitzer sollte sanft, weich und liebkosend mit ihm umgehen, das stellt er sich so vor. Der Besitzer muss ein Feingefühl finden, das der Hund so entbehrt und braucht. Er versucht auch, die Zuneigung einzufordern, ist dabei auch eifersüchtig und drängt sich schon mal dazwischen. Dann reagiert er gegenüber dem Besitzer unterwürfig, sanft und fügsam. Deshalb ist er schlecht zu durchschauen. Er ist sehr starken Stimmungsschwankungen unterworfen und wird dann eine richtig Zicke, aber dieses Verhalten ist nur kurzfristig. Am liebsten wäre es ihm, wenn er den ganzen Tag gestreichelt und getragen wird. Seinen Kummer erleidet er in stiller Unterwürfigkeit, wenn man ihn dann tröstet, geht es ihm besser.

SEPIA

Kann sehr schlecht zu dem Rudel eine Beziehung aufbauen, da er alle mit einer Gleichgültigkeit behandelt. Er meint, man zwingt ihn zu Dingen, die er gar nicht machen will. Er fühlt sich bevormundet und meint, dass es ihm nicht erlaubt wird, seine eigenen Entscheidungen zu treffen. Diesem Hund muss man erlauben, bis zu einem bestimmten Punkt selbst zu entscheiden. Erfolgt ein Widerspruch des Besitzers, dann wird der Hund zornig, reizbar und ist schnell gekränkt. Durch diesen Zorn ist es für den Besitzer schwer, ihn zu erziehen. Er will körperlich und geistig ausgelastet werden, das kann für einen Besitzer mit der Zeit sehr anstrengend werden. Da er immer arbeiten will, kann es passieren, dass man diesen Hund überfordert. Er verzweifelt dann. Dadurch kommt es zu einer Gleichgültigkeit und zu einer gro-

ßen Traurigkeit. Mir ist auch aufgefallen, dass er keinen Druck am Hals verträgt. Ein Hund dieser Art benötigt unbedingt ein Brustgeschirr.

Alternativen zu Globuli

BACHBLÜTEN

Beech – gibt man für mehr Toleranz gegenüber Artgenossen.

Heather – man nimmt dem Hund das Bedürfnis, im Mittelpunkt zu stehen, denn es reduziert die aggressiven Gefühle.

Larch – erhöht das Selbstbewusstsein.

Star of Bethlehem – ist unser Seelentröster.

Sweet Chestnut – gegen traurige und verzweifelte Gefühle.

SCHÜSSLER-SALZE

Kalium sulfuricum Nr. 6 – es besteht eine Abneigung gegen Gesellschaft.

Magnesium phosphoricum Nr. 7 – er lebt in starker Anspannung, dadurch kann er zu einem Tyrannen werden und das Rudel muss ihm gehorchen.

KURZ GEFASST

. . . .

- Phosphorus, der Hund will Aufmerksamkeit,
- Pulsatilla, der Hund ist innerlich schwach
- Sepia, er baut sehr schlecht Beziehungen auf
- Heather reduziert die aggressiven Gefühle

. . . .

ZERSTÖRUNGSWUT

Spaß am Zerstören?

Am häufigsten kommt die sogenannte Zerstörungswut bei Welpen und Junghunden bis zu einem Alter von ca. 12–14 Monaten vor. Bei Welpen ist es oft Neugier oder Spaß daran, Gegenstände mit den Zähnchen zu untersuchen. Bei pubertierenden Junghunden kann es sich tatsächlich um eine „Trotzphase" handeln.

In der Regel hört das Zerstören von Gegenständen bei Erreichen eines bestimmten Alters von alleine wieder auf. Geht die Zerstörung über dieses Alter hinaus, sollte über weiter gehende Gründe nachgedacht werden.

PSYCHISCHE AUSLÖSER

Psychische Auslöser für unverhältnismäßiges Zerstören von Gegenständen kann mit Autoaggression und Selbstverletzung zusammenhängen und einhergehen.

Psychische Auslöser können sein:
> Stress durch Verlassensängste
> Unterforderung in körperlicher wie auch geistiger Auslastung
> Übersprungshandlung bei Reizüberflutung

MEDIZINISCHE AUSLÖSER

Bitte klären Sie vor einem Training mit Ihrem Tierarzt einen möglichen medizinischen Grund für die Zerstörungswut Ihres Hundes genauestens ab.

Ein medizinischer Auslöser können Zahnschmerzen sein, vor allem beim Welpen im Zahnwechsel.

ERLERNTE ZERSTÖRUNG

Wie erwähnt, bin ich überzeugt, dass Hunde über Erfolg und Misserfolg lernen. Bekommt Ihr Hund nach seinem Zerstörungswerk immer wieder Ihre Aufmerksamkeit, hat also Erfolg damit, wird er sich auch immer wieder an die „Arbeit" machen.

Zerstörungswut kann in Stresssituationen, bei Verlassensängsten und bei Unterforderung selbstbelohnend wirken.

Dem Hund ist es letztendlich egal, welche Art der Aufmerksamkeit er bekommt. Bei extremer Langeweile wird für den Hund sogar die negative Aufmerksamkeit zum Erfolg.

Auch das Nachlassen eines psychischen Drucks oder von Schmerzen können für den Hund Erfolg bedeutet.

MOTIVATION ERKENNEN

Checklisten können im Vorfeld auch hier eine große Hilfe sein. Sehr gerne empfehle ich diese Herangehensweise, um zu erkennen, wann, wo und warum der Hund ein bestimmtes Verhalten zeigt.

Kopieren Sie die im Kapitel „Service" zur Verfügung gestellten Checklisten und passen Sie diese an Ihre individuellen Bedürfnisse an. Legen Sie sich diese Liste griffbereit zurecht und tragen Sie immer sofort ein, wenn Ihr Hund das Verhalten zeigt, das Sie ändern möchten. Am besten mit Uhrzeit, Ort und dem Auslöser des Verhaltens.

LÖSUNGSANSÄTZE 1 – PSYCHISCHE AUSLÖSER

Ein häufiger Fehler ist, Urlaub zu nehmen, wenn der Hund einzieht. Während des Urlaubs ist immer jemand anwesend, weshalb es nicht verwundert, wenn der Hund nach dem Urlaub dann nicht alleine bleiben kann. Nehmen Sie also keinen Urlaub, sondern verkürzen Sie besser ihre Arbeitszeiten. Wechseln Sie sich mit anderen Familienmitgliedern so ab, dass der Hund von Anfang an immer wieder kurze Zeiten alleine sein muss.

Neigt Ihr Hund zu Zerstörungswut, wenn er alleine ist, trainieren Sie noch einmal das Alleinebleiben mit Ihrem Hund (siehe Training S. 132).

Überlegen Sie, ob Ihr Hund eventuell über- oder unterfordert ist. Verwenden Sie dazu die Checkliste „Ausgewogene Beschäftigung" und „Motivation ergründen" im Kapitel „Service".

Ist Ihr Hund zu vielen Reizen ausgesetzt, für die er noch zu jung ist? Gönnen Sie Ihrem Hund mehr Ruhe und Entspannung, um den Tag gut „verarbeiten" zu können.

Lesen Sie die Kapitel „Autoaggression ..." und „Unruhe".

LÖSUNGSANSÄTZE 2 – MEDIZINISCHE AUSLÖSER

Lassen Sie Ihren Hund von einem Tierarzt durchchecken und beheben Sie gemeinsam mit Ihrem Heilpraktiker oder Tierarzt den medizinischen Auslöser. Beachten Sie das Alter Ihres Hundes.

LÖSUNGSANSÄTZE 3 – ERLERNTE AUSLÖSER

Achten Sie darauf, dass der Hund keinen Erfolg mehr hat. Meist bevorzugen Hunde bestimmte Gegenstände, wie z. B. Schuhe, Teppich, Brillen, Zeitungen usw.

Räumen Sie diese Gegenstände weg und schenken Sie Ihrem Hund keine Aufmerksamkeit, falls es doch wieder passierte.

KURZ GEFASST

- Alter des Hundes beachten
- Psychische oder medizinische Auslöser feststellen
- Motivation erkennen
- Dem Hund keine Erfolge bieten

Training alleine bleiben

TRAININGSSCHRITT 1, WOCHE 1 – DRINNEN BEGINNEN

Fangen Sie ganz von vorne an. Lassen Sie den Hund im Haus in einem Raum alleine. Schließen Sie die Tür zu diesem Raum. Dies kann am Anfang auch nur eine Minute sein.

Auch wenn immer wieder gesagt wird, man soll den Hund ignorieren, bevor man ihn alleine lässt, führen Sie eine gewisse Routine ein. Ich gehe immer mit den Worten „Ich komme gleich wieder". Hund lieben Routinen und nehmen diese auch sehr gerne an.

TRAININGSSCHRITT 2, WOCHE 2 – HAUS VERLASSEN

Ihr Hund bleibt in dem Raum jetzt entspannt alleine. Der zweite Schritt ist nun, das Haus kurz zu verlassen. Auch hier kann der Zeitraum anfangs nur eine Minute sein.

TRAININGSSCHRITT 3, WOCHE 3 – ZEITEN LANGSAM STEIGERN

Steigern Sie den Zeitraum, den der Hund alleine bleiben soll, langsam.

Training erlernter Auslöser

TRAININGSSCHRITT 1, WOCHE 1 – AUFRÄUMEN

So banal es klingt: räumen Sie alles, was der Hund bevorzugt zerstört, weg.

Finden Sie die „Arbeit" Ihres Hundes vor, geben Sie ihm kein Feedback. Auch schimpfen kann in gewissen Situationen eine Bestätigung für den Hund sein.

Bieten Sie Ihrem Hund Ersatz an. Bei Langeweile eignen sich dick in Papier eingewickelte Leckerchen. Achten Sie darauf, dass Sie aus gesundheitlichen Gründen ungebleichtes Papier verwenden.

TRAININGSSCHRITT 2, WOCHE 2 – MOTIVATION ERGRÜNDEN

Verwenden Sie hierfür die Checklisten und orientieren Sie sich am Abschnitt „Ausgewogen beschäftigen" im Kapitel „Übersteigerter Bewegungsdrang".

BITTE BEACHTEN

Am besten ist es natürlich, wenn der Hund gar nicht lernt, dass sich Zerstörungswut lohnt. Geben Sie schon Ihrem Welpen kein Feedback, wenn Sie ihn bei der „Arbeit" ertappen. Räumen Sie alles weg, was den Welpen zu sehr interessieren könnte, und bieten Sie ihm Alternativen an.

KURZ GEFASST

....
- Ursachen genau abklären
- Checkliste führen
- Psychische Auslöser anders behandeln als medizinische Auslöser
- Geben Sie Ihrem Hund nicht zu viel Feedback
....

Zerstörungswut aus der Sicht des Tierheilpraktikers

BEISPIEL AUS DER PRAXIS: LILI, 7 JAHRE, ALTDEUTSCHE SCHÄFERHÜNDIN

Lili kam mit sechs Monaten zu uns. Wir hatten zu diesem Zeitpunkt einen Trico-

Bieten Sie Ihrem Hund eine Alternative, z. B. ein hartes Kauteilchen oder Schachteln, die er kaputt machen darf.

lor-Collie-Rüden und eine Altdeutsche Schäferhündin. Sie lebten von Anfang an in unserem Rudel.

Wir holten Lili aus einem Tierheim und konnten über ihre Vorgeschichte leider nichts in Erfahrung bringen. Auch das Tierheim konnte uns da nicht helfen. Sie konnte nicht laufen und hatte einen richtigen Krummrücken. Auf einem Röntgenbild konnte man sehen, dass sie beidseitig Hüftdysplasie hatte. Diese wurde homöopathisch und physiotherapeutisch behandelt, was zu einem sehr gutem Ergebnis führte.

In der Anfangszeit war Lili ausgesprochen unruhig und konnte keine Ruhe finden. Sie jammerte die ganze Nacht und ging im Haus hin und her – bis zur totalen Erschöpfung, aber auch dann fand sie keine Ruhe. Ich dachte zuerst, es wären Schmerzen wegen ihrer Hüftdysplasie.

Sie baute eine sehr starke Bindung zu meinem Mann auf, an den sie sich richtig klammerte und auch den ganzen Tag hinter ihm herlief. Sie war fürchterlich eifersüchtig und ich durfte meinem Mann nicht zu nahe kommen. Sie hat uns sofort getrennt, wurde aber nicht aggressiv. Mein Mann musste aber zur Arbeit und das Haus verlassen. In dem Moment klammerte sie sich an mich und trottete den ganzen Tag hinter mir her. Als ich dann auch noch die Wohnung verlassen musste, fing sie an, meine Kissen zu zerfetzen und im Haus zu verteilen. Auch meine Schuhe, aber nur meine, fielen ihr zum Opfer.

Da ich ihre Vorgeschichte nicht kannte, ging ich davon aus, dass sie Enttäuschungen in den Beziehungen erlebt hatte. (Sie hat ja ihren vorherigen Besitzer, an den sie sich anscheinend genauso geklammert und gebunden hat, verloren.) Ich verabreichte ihr Ignatia C30. Nach einer einmaligen Gabe legte sie sich innerhalb kürzester Zeit auf ihren Platz und schlief vollkommen entspannt. Wir mussten sie zum Fressen und Gassigehen aufwecken. Dieses Schlafen ging eine Woche lang. Sie schlief sich gesund. Trotzdem bekam sie eine Woche lang weiterhin jeden Tag 5 Globuli. Dann reduzierte ich die Gabe. Schon in dieser Zeit hat sie nichts mehr zerstört. Es wurde in dieser Zeit ein speziell für sie zurechtgelegtes Training begonnen.

Wenn ich merke, dass sie wieder schrecklich eifersüchtig wird, bekommt sie eine einmalige Gabe von 5 Globuli. Der Abstand hat sich aber in der letzten Zeit immer mehr vergrößert. Es sind jetzt oft schon mehrere Monate, bis sie mal wieder eine Gabe benötigt. Ihre Nervosität hat sich gelegt. Sie ist wesentlich entspannter als am Anfang. Inzwischen arbeitet sie als Therapiehund in einem Altenheim, eine für einen Hund sehr anstrengende Tätigkeit.

MEDIZINISCHE URSACHEN

Undefinierte Schmerzen, die den Hund verzweifeln lassen.
Kopfverletzungen mit schlimmen Schmerzen.
Ein Gehirntumor, der zu starken Schmerzen führt.
Welpen: das normale Knabbern beim Zahnwechsel.
Frühere körperliche Misshandlungen, die dem Besitzer unbekannt sind.
Die medizinischen Ursachen müssen vor einer Behandlung von einem Fachmann abgeklärt werden!

Homöopathische Lösungsvorschläge

ACIDUM NITRICUM

Dieser Hund ist immer unzufrieden, überreizt und boshaft. Man kann ihm nichts recht machen. Die Kontaktaufnahme mit anderen Hunden fällt ihm oft sehr schwer, man hat den Eindruck, dass er eine Barriere bildet. Im Training darf man ihn nicht schimpfen, denn er ärgert sich über sich selbst und will dann auch nicht getröstet werden. Vor Zorn fängt er heftig zu zittern an und bellt manchmal so, dass man meinen könnte, er schimpft sich selbst aus.

BELLADONNA

Es ist ein sehr lustiger Hund, aber plötzlich sehr erregbar. Er hat viele eigene Ideen, was den Hundehalter oft erstaunt. Es steckt eine enorme Vitalität in ihm und er ist ausgesprochen lebhaft. Plötzlich wird er wahnsinnig vor Angst, bekommt Tobsuchtsanfälle und dabei wütet, reißt und beißt er. Wenn er zu flüchten anfängt, weil er keinen Ausweg findet, dann rennt er ziellos und gefährdet sich und andere. Ermahnungen erträgt er gar nicht gut, im Gegenteil, es verschlimmert noch alles.

HYOSCYAMUS NIGER

Es ist ein sehr argwöhnischer und eifersüchtiger Hund. Angst, Panik und Zerstörungswut wird dadurch ausgelöst, wenn er sich von seiner Familie plötzlich im Stich gelassen fühlt. Er ist in dieser Situation auch sehr unruhig und läuft ständig hin und her. Der geringste Widerspruch des Hundebesitzers erregt ihn, aber diese Erregung lässt auch schnell wieder nach. In kritischen Situationen verliert er Urin und Kot. Er kann auch in ein hysterischen Bellen verfallen, für das es keinen Grund gibt. Wenn man ihn bedrängt, beißt er, wird gewalttätig und der Zorn treibt ihn erst richtig zur Gewalt. Er kommt mit sich selbst nicht zurecht.

IGNATIA

Ständige wechselnde Stimmungen des Hundes und sein ewiges Winseln quälen oft den Hundehalter. Der Hund sucht auch immer jemanden, an den er sich klammern kann. Er ist voller widersprüchlicher Stimmungen, denn Kummer, Zorn und Enttäuschung verschmelzen zu einer inneren Anspannung, die sich entladen kann. Durch die Trennung von seiner geliebten Bezugsperson (oder einem Rudelmitglied) entsteht eine Trauer. Er ist sehr eifersüchtig und in seiner Panik unruhig, kann nicht liegen bleiben und ist ständig in Bewegung bis zur totalen Erschöpfung. Auch dann will er sich nicht hinlegen.

Der Ignatia-Hund ist sehr emotional. Es ist ein nervöser Hund und er hat eine leicht erregbare Natur. Auf dem Hundeplatz hat er eine sehr rasche Auffassungsgabe und lernt sehr schnell. Er setzt das Gelernte auch schnell um.

Es ist für mich das wichtigste Mittel bei Eifersucht, denn dadurch entstehen Kummer und Depression. Durch Kummer kommt es häufig zu Haarausfall.

Die Verhaltensweisen entstehen durch Enttäuschung in der Beziehung. Der Hund zerstört Gegenstände in der Wohnung, aber nicht nur aus Zorn, sondern um den Besitzer aus der Reserve zu locken.

LYCOPODIUM

Hat kein Vertrauen zu seinen eigenen Kräften, durch sein fehlendes Vertrauen verhält er sich sehr oft aggressiv und spielt sich auf. Er wirkt oft überheblich und ist griesgrämig und launisch. Geistig ist er sehr rege, hat aber Konzentrationsprobleme. Körperlich ist er sehr schnell müde. Er ist ein absoluter Morgenmuffel, der in der Früh nicht so zeitig Gassi gehen will. Will man ihn zu einer Aktion zwingen, reagiert er oft aggressiv, beißt aber nicht, sondern warnt mit Knurren. Er benötigt eine Distanzgrenze. Eine schlechte Behandlung oder eine körperliche Misshandlung vergisst er nie. Braucht einen selbstbewussten Hundehalter, denn er ist sehr schwer zu erziehen. Schreckt auch nicht davor zurück, dem Besitzer zu drohen. Er hat auch oft Probleme mit Artgenossen und Angst vor Männern.

KURZ GEFASST

• Acidum nitricum, der Hund ist überreizt und boshaft
• Belladonna, der Hund ist sehr lustig, aber bei ihm passiert alles plötzlich
• Hyoscyamus niger, fühlt sich von seiner Familie verlassen
• Lycopodium, hat kein Vertrauen zu seinen eigenen Kräften

LYSSINUM

Dieser Hund ist geprägt von vielen Ängsten. Am auffälligsten ist die Angst vor reflektierendem Licht. Er fürchtet sich allein zu sein und zerstört dann die Wohnung. Von seinem Besitzer, dem er treu ergeben ist, fühlt er sich gequält und ungerecht behandelt. Diese Meinung erzeugt Wut und Zorn in ihm und so beißt er und wird gewalttätig. Er zerstört alles und seine Zerstörungswut macht auch vor ihm selbst nicht Halt. Der Zorn verfliegt aber auch schnell und es folgt die Reue. Es ist ein sehr empfindlicher Hund. Der Hundehalter hat oft Probleme, die Ursachen seines Verhaltens zu verstehen.

NUX VOMICA

Schon als Welpe ist er wagemutig, frech und hat ein feuriges Temperament.

Er ist sehr reizbar und geprägt von Härte, Eifer, Ehrgeiz und Ungeduld. Er leidet unter starkem inneren Druck. Er hat große Konzentrationsprobleme, so kann er auch das Gelernte nicht behalten. Dadurch baut sich Stress auf. Der Besitzer merkt dieses Dilemma oft nicht. Der Hund kann aber auch nicht aufhören zu arbeiten, was das Ganze noch verschlimmert. Durch seine Eifersucht kann er böswillig werden und lässt seinem Zorn oft freien Lauf. Geräusche können Angst und Autoaggression auslösen und er will dann nicht berührt werden. Sein Körbchen ist sein Körbchen und er will es mit keinem teilen, denn es ist seine Sicherheit. Dort will er hinein, und zwar ganz schnell. Weil er Angst vor dem Alleinsein hat, wird er unrein und zerstört in diesem Zustand die Wohnung. Es ist oft besser, diesen Hund als Einzelhund zu halten, denn auf Artgenossen reagiert er oft aggressiv. Hunde, die aber schon vorher da waren, akzeptiert er.

PHOSPHORUS

Der Hund sucht Harmonie, fürchtet die Isolation und will immer beim Besitzer sein. Es geht besser, wenn er in einem Hunderudel lebt, denn er will nicht alleine sein. Der Hund braucht die Aufmerksamkeit, wenn er diese nicht bekommt, lässt er sich alles Mögliche einfallen, damit man ihn beachtet. (Übrigens ist schimpfen ist auch ein Art von Aufmerksamkeit.) Er findet sehr schnell Anschluss zu seinen Artgenossen, auch beim Gassigehen. Dabei hat er ausgeprägte Antennen für die Stimmungen innerhalb des Rudels bzw. in der Familie. Wenn der Haussegen schief hängt, versucht er die Unstimmigkeiten zu regulieren. Er ist verspielt, temperamentvoll und neugierig. Gewitter und Geräusche machen ihn sehr nervös und er kommt aus Angst nicht zur Ruhe. Panisch und kopflos läuft er davon. Die Angst kann so groß werden, das er das Beißen anfängt. Es kommt manchmal zu Reaktionen, die als Aggression gedeutet werden können.

RHODODENDRON AUREUM

Der Hund leidet unter Erschöpfungszuständen, er zerlegt die Wohnung, bellt und jault. Er hat auch Angst vor Sturm, besonders vor Donner. Interessanterweise treten alle körperlichen Symptome bei Sturm und Wetterwechsel auf. Typisch sind auch die Schmerzen der Zähne vor solchen Ereignissen, dabei kauen sie ganz gern mal auf etwas Hartem herum. Rhododendron ist ein Sommermittel, denn es ist bei elektrischer Spannung der Luft und bei barometrischen Schwankungen wirksam. Es ist das Mittel für den wetterfühligen Hund.

STAPHISAGRIA

Staphisagria gibt man, wenn die Nervosität von Stress und Kummer ausgelöst wurde. Dieser Hund ist krankhaft empfindlich. Diese Empfindlichkeit ist sehr tief greifend und auch sehr ausdauernd. Er ist sehr nachtragend. Fehler des Besitzers im Umgang mit ihm werden dauerhaft übel genommen. Es dauert lange, den Hund vom Gegenteil zu überzeugen. Man könnte glauben, dass der Hund eine übersteigerte Vorstellung von seiner Ehre und Würde hat. Über ihn lachen, wenn er sich mal dümmlich verhält, bringt ihn aus der Fassung. Wenn das Verletzen der Ehre und Würde nicht aufhört, wird es dem Hund zu viel und er verliert die Beherrschung. Wenn das passiert, kommt sein unterdrückter Zorn zum Vorschein.

STRAMONIUM

Der Hund ist gezeichnet durch Heftigkeit bis zur Gewalttätigkeit. Er hat auch Angst, gewalttätig zu sein und fürchtet sich vor Gewalt. Das Verhalten ist durch ein Schockerlebnis oder den Verlust der Bezugsperson ausgelöst. Er fühlt sich allein gelassen und hilflos, zurückgelassen an einem schrecklichen Ort. Deshalb bindet er sich sehr an den Besitzer und hat Verlassensängste. In der Dunkelheit fürchtet er sich so, dass er dabei vergisst, sein Geschäft zu erledigen. Alleinsein bereitet ihm starke Probleme, er heult und jault und es kommt zur Zerstörung des Inventars. In seiner Panik wird er oft unrein und er hinterlässt Exkremente absichtlich. Vor Tunneln und der Enge von Räumen ängstigt er sich. Im Vordergrund steht die Angst vor glitzernden Gegenständen.

TARANTULA

Bei diesem Mittel muss man sich eine rasende Spinne vorstellen, dann kann man sich auch den Hund vorstellen. Es ist ein „Powerpaket", mit Energie geladen, fleißig, betriebsam und schlau. Auf dem Hundeplatz bzw. beim Training kann ihm nichts schnell genug gehen. Er erledigt seine Aufgaben eilig, schnell und impulsiv. Wenn der Hundebesitzer ihn ausbremsen will, wird er unter Umständen zornig. Er kann sehr unberechenbar und zerstörerisch werden. Beim Gassigehen oder auf dem Hundeplatz lässt er erst die Hunde vorbeigehen und geht dann von hinten auf den anderen Hund los.

VERATRUM ALBUM

Er ist ein sehr fröhlicher und fleißiger Hund. In ihm steckt eine unendliche Energie, dadurch ist er sehr aktiv. Diese Energie zwingt ihn aber auch, immer in Aktion zu sein. Seine soziale Stellung im Rudel ist ihm sehr wichtig, dabei kann er sehr egoistisch werden und neigt auch zum Größenwahn. Plötzlich kann aber seine Stimmung umschwenken und er wird ausgesprochen melancholisch. Er sitzt dann in einer Ecke und man meint, es fällt alles an ihm runter. Der Kopf und die Ohren, ja sogar das Fell hängen schlaff an ihm herab. Meistens verkriecht er sich noch in einer Ecke. Es überkommt ihn dann plötzlich Angst und er wird unruhig, und dann kann er nicht still sitzen.

Alternativen zu Globuli

BACHBLÜTEN

Holly – Symptome sind aufgrund von Eifersucht entstanden, will seinen Besitzer nicht teilen.
Impatiens – der Hund ist aufbrausend, zornig, hat eine hohe Impulsivität und einen übersteigerten Knabbertrieb
Pine – hier zerstört der Hund Gegenstände aus Wut oder Freude.
White Chestnut – aus Langeweile werden Gegenstände angebissen.
Willow – Reaktionen oft aufgrund von Vernachlässigung durch den Besitzer.

SCHÜSSLER-SALZE

Calcium sulfuricum Nr. 12 – der Hund ist sehr stark auf den Besitzer fixiert. Muss er alleine bleiben, muss leider die Einrichtung darunter leiden.

KURZ GEFASST

- Lyssinum, seine Zerstörungswut macht auch vor ihm nicht Halt
- Nux vomica, der Hund leidet unter starkem innerem Druck
- Staphisagria ist das „Arnica der Psyche"
- Stramonium, bindet sich an den Besitzer und hat Verlassensängste

SERVICE

Checklisten

Die folgenden Checklisten sind nur Vorschläge. Sie basieren auf Erfahrungen mit Kundenhunden und unseren eigenen Hunden. Die Listen sind nicht eins zu eins auf jeden Hund übertragbar. Passen Sie die Listen an Ihre individuellen Bedürfnisse an

Checkliste für einen geregelten Tagesablauf

Die hier vorgeschlagene Checkliste soll Ihnen lediglich als Leitfaden dienen. Bitte passen Sie die Zeiten an ihren eigenen Tagesablauf an. Die angegebenen Zeiten können sich also verschieben.

8:00–9:30 Uhr
Morgenspaziergang mit kurzen Trainings-einheiten. Bauen Sie wenn möglich Kletter- und Balancier-Übungen über Steine oder Baumstämme ein. Morgengymnastik tut allen gut, machen Sie also ruhig mit. Führen Sie kurze Unterordnungsübungen aus. Fuß laufen mit Blickkontakt, an einem Platz bleiben oder Touchtraining. Sie können auch mal ein paar Dogdancing-Schritte ausführen oder Tricks in den Spaziergang einbauen.

Die Übungen sollten nicht mehr als 30 % des Spaziergangs beanspruchen. Ihr Hund muss noch genügend Zeit für eigene „Geschäfte" haben.

Ist Ihre Morgenrunde kürzer, bauen Sie die aktiven Tätigkeiten in Ihre Nachmittagsrunde ein. Gemeinsame „Abenteuer" festigen die Bindung und harmonisieren die Beziehung.

9:30–13:00 Uhr
Erste Ruhephase. In dieser Zeit haben die Hunde „Sendepause".

13:00–14:30 Uhr
Tägliche Trainingszeit – wir gestalten das Training sehr abwechslungsreich, mal im Haus, mal im Garten. Auf dem Programm steht entweder Longieren, Dogdancing, Tricks, Intelligenzspiele oder Suchspiele. Natürlich abwechselnd, nicht zu viel an einem Tag.

14:30–15:30 Uhr
Zweite Ruhephase. Nach dem Training mindestens eine Stunde Pause ist Pflicht. Halten Sie Ruhezeiten konsequent ein.

15:30–17:00 Uhr
Nachmittagsrunde, auf der die Hunde das erledigen sollen, was ein Hund halt so zu tun hat: schnüffeln, buddeln, planschen, spielen. Am Nachmittag hat die körperliche Auslastung mehr Stellenwert. Wir spielen auch schon mal mit einem Bällchen oder der Frisbee-Scheibe oder bauen kleine Unterordnungsübungen, Dogdancing oder Kletterspiele ein.

17:00–22:00 Uhr
Bei uns gibt es nach der großen Nachmittags-runde Abendessen. Die Hunde wissen, dass Feierabend ist und nun keine großen Aktionen mehr folgen. Lediglich eine ganz kurze Runde um ca. 22:00 Uhr, um sich noch einmal zu lösen, die aber maximal 15 Minuten dauert.

Checkliste für eine ausgewogene Beschäftigung

Ich möchte Ihnen hier Aktivitäten und Hundesportarten vorschlagen, die Sie immer, überall, ohne großen Platzaufwand, ohne zu hohen finanziellen Aufwand mit jedem Hund betreiben können.

Ruhige Beschäftigungen

DOGDANCING

Dogdancing ist unendlich variabel. Diese Sportart kann an jeden Hund jeden Alters, jeder Größe, egal welcher körperlicher Leistungsfähigkeit angepasst werden.

Dogdancing fordert und fördert den Hund körperlich und geistig gleichermaßen. Sehr gut geeignet für Hunde, die übersteigerten Bewegungsdrang zeigen und in ihrer Bewegung reduziert und in Konzentration gefördert werden sollen. Man kann diesen Sport überall ohne großen Platzaufwand und ohne hohe Kosten betreiben.

INTELLIGENZSPIELE

Sie müssen nicht in den nächsten Laden laufen und teure Holzspielzeuge kaufen. Diese fördern auch nicht wirklich die Beziehung und Bindung zu Ihrem Hund.

Ich empfehle Ihnen das Buch „Mein Einstein auf vier Pfoten". Darin werden Intelligenzspiele beschrieben, die einfach und schnell auch zwischendurch gespielt werden können. Das Spielematerial haben Sie in der Regel schon zu Hause.

TRICKDOGGING

Leider wird dies noch immer häufig als „Zirkushundausbildung" belächelt. Mit Zirkushund hat Trickdogging jedoch nichts zu tun. Für jeden Hund geeignet bietet Trickdogging genau wie Dogdancing unendliche Möglichkeiten. Sie können jeden Trick den individuellen Bedürfnissen Ihres Hundes anpassen.

Sie brauchen in der Regel wenig bis kein Equipment und wenig Platz.

ZIELOBJEKTSUCHE (ZOS)

Zielobjektsuche, abgeleitet aus der Rettungshundearbeit, bietet für nervöse Hunde eine wunderbare Alternative zum Mantrailing.

Die Aufgabe des Hundes ist es, ein „Objekt" (Feuerzeug, Kugelschreiber, Tee-Ei usw.) im Liegen anzuzeigen. ZOS fordert die Nase und fördert ruhige und konzentrierte Arbeit. Da es sich um kleine Objekte handelt, die in jede Hosentasche passen, kann ZOS überall und jederzeit auch während Spaziergängen betrieben werden.

Actionbeschäftigungen

BÄLLCHEN SPIELEN

Ja, auch meine Hunde spielen Ball – in Maßen, mit Verstand und in geregelten Bahnen. Ich bestehe auch beim Ballspielen auf Zusammenarbeit und Kooperation. Orientieren sich meine Hund mit dem Ball nicht zu mir zurück, ist der Spaß zu Ende.

FRISBEE

Heute ist dieser Sport zu einer Kombination aus Dogdancing, Agility und Jagdspiel geworden. Dogdancing und Trickdogging werden vor oder nach dem Wurf eingebaut. Der Hund springt über Beine oder Rücken des Halters und beim Fangen der Scheibe darf der Hund seinen Jagdtrieb ausleben.

Checkliste Motivation ergründen

Um Lösungswege zu finden und in ein erfolgreiches, effektives Training einsteigen zu können, ist es wichtig, die Motivation und die Gründe des Verhaltens des Hundes zu kennen. Machen Sie sich nach jedem Punkt Notizen.

WANN

Der Hund zeigt das Verhalten zu bestimmten Uhrzeiten: _____

Der Hund zeigt das Verhalten nur nachts: _____

Der Hund zeigt das Verhalten nur am Tag: _____

Der Hund zeigt das Verhalten in Anwesenheit bestimmter Personen: _____

Der Hund zeigt das Verhalten in Anwesenheit bestimmter Hunde: _____

WO

Der Hund zeigt das Verhalten nur draußen: _____

Der Hund zeigt das Verhalten nur im Haus/in der Wohnung: _____

Der Hund zeigt das Verhalten nur an ihm fremden Orten: _____

Der Hund zeigt das Verhalten nur an ihm bekannten Orten: _____

BESCHÄFTIGUNG

Notieren Sie, wie Sie Ihren Hund beschäftigen: _____

Notieren Sie, wie lange Sie Ihren Hund beschäftigen: _____

Wo beschäftigen Sie Ihren Hund?

Drinnen: _____

Draußen: _____

Wie lange ruht Ihr Hund?: _____

Wie lange ist Ihr Hund aktiv?: _____

KÖRPER

Ihr Hund hat skelettale Probleme: _____

Der Hund ist im Zahnwechsel: _____

Ihr Hund hat ererbte Defekte: _____

Ihr Hund ist taub/blind: _____

Der Hund bekommt folgende Medikamente: _____

PSYCHE

Der Hund zeigt Verlassensängste: _____

Der Hund zeigt Zwangsstörungen: _____

Der Hund zeigt Apathie: _____

Der Hund wirkt unkonzentriert: _____

Der Hund zeigt Stimmungsschwankungen: _____

Die Autorinnen

Liane Rauch

WIE KANN IHNEN DAS BUCH HELFEN?

„Warum einfach, wenn es auch kompliziert geht" – diesen Eindruck habe ich, wenn ich so manche Hundeerziehungsbücher zur Hand nehme. Da könnte man meinen, dass man vor der Lektüre ein medizinisches, biologisches oder verhaltenswissenschaftliches Studium abgeschlossen haben sollte.

In den meisten Fällen ist jedoch die „einfache Lösung" die schnellste und beste. Vertrauen Sie bei der Erziehung Ihres Hundes öfter auf Ihren „Bauch"– **Sie** kennen Ihren Hund am besten. Darum bieten wir Ihnen neben dem Training Lösungsansätze, die einfach und schnell anzuwenden sind. Manches liest sich ziemlich trivial. Durch die immer weiter fortschreitende „Verwissenschaftlichung" unserer Hunde wird jedoch oft vergessen, dass Hunde relativ einfach gestrickt sind und selbst von Wissenschaft keine Ahnung haben. Machen Sie es sich also nicht zu schwer: Einfach ist oft besser als kompliziert.

WERDEGANG UND PHILOSOPHIE

> 2003 Gründung der Hundeschule Naseweis
> seit 2001 Mitglied im VDH (Verband für das Deutsche Hundewesen)
> seit 2005 Fachautorin für das Hundemagazin WUFF und mehrere Artikel in anderen Hundemagazinen
> seit 2006 Kurse zu unterschiedlichen Themen im Hundesporthotel Wolf, Oberammergau
> seit 2014 Mitglied im Berufsverband der Hundepsychologen nach Thomas Riepe
> 2014 Veröffentlichung „Hundetraining ohne Worte"
> 2016 Veröffentlichung „Mein Einstein auf vier Pfoten"

Vorrangiges Ziel meiner Arbeit ist es, Mensch-Hunde-Teams im Alltag in Harmonie zu bringen, die Bindung zu vertiefen und die Beziehung zu festigen. Stimmt es in der **Be**ziehung, klappt es auch mit der **Er**ziehung.

Besonders am Herzen liegen mir Tierschutzhunde, Hunde mit Handicap und Senioren-Hunde.

DANK

Vielen Dank an den Ulmer Verlag, im besonderen an Bettina Brinkmann und unseren so rührigen Lektor Claus Keller, die uns kompetent und professionell bei der Umsetzung dieses Buches unterstützt haben.

Danke, liebe Béatrice Bich, wir hatten wirklich zwei Tage „heißes" Shooting bei über 30 C°. Besonderer Dank geht natürlich wieder an die mitwirkenden Hunde und ihre Halter. Chestnut, Corona, Hektor, Honey Bee, Lilli, Melman, Metchley, Molly, Monty, Patty und Smilla – was wäre unser Leben ohne euch.

ZUM WEITERLESEN

Misol, Vera/Franz, Gabi: Homöopathie für Hunde. Verlag Eugen Ulmer, Stuttgart 2008
Rauch, Liane: Hundetraining ohne Worte. Führen mit der leeren Hand. Verlag Eugen Ulmer, Stuttgart 2014
Rauch, Liane: Mein Einstein auf vier Pfoten. Kreative Bindungs- und Intelligenzspiele für Hunde. Verlag Eugen Ulmer, Stuttgart 2016
Riepe, Thomas: Einfach Hund sein dürfen. Das Hundeleben natürlich gestalten. Verlag Eugen Ulmer, Stuttgart 2016
Specht, Simone: Homöopathie für Welpen und Junghunde. Verlag Eugen Ulmer, Stuttgart 2013
Stein, Sabine vom/Salomon, Prof. Dr. Franz-Viktor: Hundekrankheiten. Wie der Tierarzt helfen

kann. Verlag Eugen Ulmer, Stuttgart 2011
Steinke-Beck, Christine: Hunde natürlich heilen. Verlag Eugen Ulmer, Stuttgart 2012

KLICKS IM WWW

www.hsnaseweis.jimdo.com
www.hotel-wolf.de
www.wuff.de
www.ulmer.de

Christina Landmann

WAS DAS BUCH ERREICHEN SOLL

Es gibt viele gute Bücher für Homöopathie oder Erziehung, aber keine Kombination von beiden. Dieses Buch bringt nun diese wichtigen Bereiche der Behandlung verhaltensauffälliger Hunde zusammen. Es gibt Ihnen eine Richtschnur zur Lösung der speziellen Problematik.

WERDEGANG

Seit dem Jahr 2000 führe ich eine Praxis für Kleintiere in Wasserburg am Inn. Meine Schwerpunkte sind klassische Homöopathie, Blutegeltherapie, Akupunktur, Bachblüten, Schüßler-Salze. Ich bin seit diesem Zeitpunkt Mitglied im „Ältesten Verband der Tierheilpraktiker Deutschlands seit 1931 e.V.".
Da ich schon immer das Verhalten von Hunden verstehen und richtig lenken wollte, besuchte ich auch viele Fortbildungskurse in diesem Bereich.
In meiner Praxis hatte ich immer häufiger verhaltensauffällige Hunde, die ich mit Globuli einzustellen versuchte. Ich stellte aber fest, dass eine homöopathische Therapie nur in Verbindung mit einer individuellen Trainingseinheit zum Erfolg kommt.
Seit dem Jahre 2008 arbeite ich nun selbst in der Hundeschule Naseweis, die Frau Rauch führt. Zusammen mit Frau Rauch gebe ich als ihre Co-Trainerin Kurse in Oberammergau.

DANK

Als Erstes möchte ich mich beim Ulmer Verlag bedanken, der uns die Möglichkeit gegeben hat, dieses Buch zu veröffentlichen. Es dürfte das erste Buch in dieser Kombination sein. Vielen lieben Dank an meinen Mann, der mich in allen Hundeangelegenheiten unterstützt hat. Ganz lieben Dank auch an Liane Rauch, die mir immer ein offenes Ohr schenkt und mich in meiner Praxis mit meinen zu behandelnden Hunden stets unterstützt. Auch danke an die vielen Hunde, die Patienten in meiner Praxis sind und waren und die mir viel über die Kombination von Erziehung und Homöopathie beigebracht haben.
Einen großen Dank an alle Hunde, die nach vielen Stunden Fotoshooting immer noch gut gelaunt waren und auch alles mitmachten. Und natürlich an Béatrice Bich, unsere Fotografin, mit ihr hat das Fotoshooting richtig Spaß gemacht.

ZUM WEITERLESEN

Boericke, William: Homöopathische Mittel und ihre Wirkung. Materia medica und Repertorium. Verlag Grundlagen und Praxis, Leer 2000
von Keller, Georg/Künzli, Jost (Hg.): Kents Repertorium der homöopathischen Arzneimittel. Haug Verlag, Heidelberg 2011
Sankaran, Rajan: Die Seele der Heilmittel. Homoepathic Medical Publishers, Indien 2014

Bildquellen

Titelbild: Silke Klewitz-Seemann.
Alle Bilder im Innenteil stammen von
Béatrice Bich.

Impressum

Die in diesem Buch enthaltenen Empfehlungen und Angaben sind von den Autorinnen mit größter Sorgfalt zusammengestellt und geprüft worden. Eine Garantie
für die Richtigkeit der Angaben kann aber
nicht gegeben werden. Autorinnen und
Verlag übernehmen keine Haftung für
Schäden und Unfälle. Bitte setzen Sie bei
der Anwendung der in diesem Buch enthaltenen Empfehlungen Ihr persönliches
Urteilsvermögen ein.
Der Verlag Eugen Ulmer ist nicht ver-
antwortlich für die Inhalte der im Buch
genannten Websites.

**BIBLIOGRAFISCHE INFORMATION
DER DEUTSCHEN
NATIONALBIBLIOTHEK**
Die Deutsche Nationalbibliothek verzeich-
net diese Publikation in der Deutschen
Nationalbibliografie; detaillierte bibliogra-
fische Daten sind im Internet über http://
dnb.d-nb.de abrufbar.

© 2018 Eugen Ulmer KG
Wollgrasweg 41, 70599 Stuttgart
(Hohenheim)
E-Mail: info@ulmer.de
Internet: www.ulmer-verlag.de
Lektorat: Bettina Brinkmann, Claus Keller
Herstellung: Ulla Stammel
Umschlagkonzeption: Ruska, Martín,
Associates GmbH, Berlin
Umschlaggestaltung: Verlag Eugen Ulmer
Satz: Atelier Reichert, Stuttgart
Reproduktion: timeRay Visualisierungen,
Jettingen
Druck und Bindung: Westermann Druck,
Zwickau
Printed in Germany

ISBN 978-3-8186-0268-0